Story und Songs kompakt

The Doors

Veit Rapp

Redaktion: Manfred Langner
Koordination & Gesamtgestaltung: Arno Loeb
ISBN 3-936026-29-7
Fotos: London Features international, Pictorial Press, Redfems

Inhalt

EINLEITUNG

"If the doors of perception were cleansed, everything would appear to man as it truly is, infinite" (William Blake)

"Wären die Pforten der Wahrnehmung gereinigt, sähe der Mensch alles wie es wirklich ist: unendlich"

Die Türen. Offen oder geschlossen. Die Türen als Fenster zur Seele: die Augen. Die Türen als Fenster zum Unbewussten: die Augen hinter den Augen. My eyes have seen you. Die Türen als Medium: Before I slip into unconsciousness. Die Türen als Pforten der Wahrnehmung, die, einmal gereinigt, ein jegliches Ding unendlich erscheinen lassen würden, wie es William Blake einst so schön formuliert hatte. Einst, wenn ich mich recht erinnere, als das Leben noch ein üppiges Fest war, auf dem alle Weine flossen und auf dem sich alle Herzen öffneten, bevor einem die Schönheit aufs Knie gelegt wird und man dazu verdammt wird ein "Höllentagebuch" zu schreiben, wie es bei Arthur Rimbaud, dem Abgott aller gefallenen Engel, schließlich der Fall war. Some are born to the endless night. Die Türen, immer wieder die Türen.

Die Türen als psychologische Links inmitten endloser Mind-Files, die Türen als von Anbeginn der Zeit existierende Landkarten für die Seele, immer wieder geöffnet und geschlossen. Die Türen, hinter denen sich sämtliche Geheimnisse dieser Welt verbergen, all jene Boo Radleys, die die Nachtigallen ruhen lassen, all jene mysteriösen Väter von Wanderern wie Dean Moriarty, endlos unterwegs in der Architektur der Nacht, immer hoffend den goldenen Schlüssel zu finden, der sie endlich öffnen möge, der das Antlitz der Wahrheit enthüllen möge, die Portale zur anderen Seite, zu der man durchbrechen möge; immer wieder Türen. Türen, hinter denen Nietzsche mit Gott hadert, hinter denen Freud den Bruder und den Stiefbruder des Todes untersucht und hinter denen der Archetypus aller lebenden und toten Väter ins Grab gestoßen wird. Türen, die schließlich weiteren Türen Platz machen und sich ausschließlich durch deren Existenz definieren. Türen aus Gold, Türen aus Silber, Türen aus Bronze, Türen aus Kupfer, Türen aus Fleisch, Türen aus Blut, Türen aus Gedanken und einer Million begrabenen Indianergeistern, die irgendwo auf offenen Landstraßen hausen und in andere Körper eindringen. Türen, die man "The Doors" nennt, weil man sowieso direkt ist, nichts mehr zu verlieren hat, James Douglas Morrison heißt und die Türhaftigkeit eines jeden noch so kleinen Gedankens erkannt hat. Und sich immer eine Hintertür offen hält, diese eine Tür, die man dann, weil man es sowieso nicht länger aushält, schon mit 27 öffnet. Man hat ja im Traum sowieso schon an den Hyazinthen gerochen, das freie Badezimmer gesehen und den neuen Freund erkannt. Die letzte Tür geöffnet, nie mehr geschlossen. Willkommen im Zauberland der Doors, in jenem Reich der endlosen Nacht,dessen Guide nun Jim Morrison sein wird, der uns durch sämtliche von ihm durchwanderten Räume führen wird, die sich innerhalb der Struktur von Songs manifestierten und aufgrund des limitierten Raum-Zeit-Kontinuums auf kleineren Einheiten zusammengefasst wurden, die man damals noch Alben nannte. Diese Alben werden heute noch immer aufgelegt und rufen noch immer eine breite Palette an Emotionen für all jene hervor, die gewillt sind, sich auf diesen Mikrokosmos einzulassen, die Türen zu öffnen (oder sich öffnen zu lassen) und von Raum zu Raum zu gehen ohne zurückzublicken. Denn der, der sich umdreht, fällt. Unweigerlich. Doch der, der durchhält, kommt am anderen Ende als neuer Mensch heraus. Vielleicht kein besserer Mensch, aber ein anderer. So wie Ich ein anderer ist. Noch immer ist. Auch nach Rimbaud und auch nach Morrison. Die Reise ans Ende der Nacht. Die Reise ins Herz der Finsternis. Is everybody in? The ceremony is about to begin. WAKE UP! I can't remember where it was. Had this dream stopped?

Chronik der Doors

* Gründung: An der Filmhochschule (UCLA) von Los Angeles lernten sich Jim Morrison und Ray Manzarek kennen und begannen 1965 mit einer musikalischen Zusammenarbeit.

* Ray Manzarek spielte mit seinen zwei Brüdern bei der Band Rick & The Ravens. Zu Nick & The Ravens gehörte auch der Drummer John Densmore. Gitarrist Robbie Krieger war vorher bei der Combo Psychedelic Rangers. Jim Morrsions schrieb Lyrik, die er mit Manzarek, Krieger und Densmore vertonte.

* Ihren ersten großen Auftritt hatten The Doors in dem legendären Live-Club Whiskey a Go Go am Sunset Strip in L.A. wo sie 1966 mit den Byrds und Them (Van Morrison) auftraten.

* Durch den Kontakt von Arthur Lee, dem Sänger der Gruppe Love, dem die Live-Performance der Doors gefiel, zum Elektra Label-Chef Jac Holzman kam der erste Plattenvertrag der Doors zustande.

* Im September 1966 nahmen die Doors, die nie einen festen Bassisten hatten, mit dem Bass-Mann Larry Knechtel die erste LP mit dem Titel *The Doors* auf. Diese LP wurde von den Doors im Studio von Paul Rothchild eingespielt. Es war die erste Rock-LP, die mit einer grossen Werbe-Fläche am Sunset Boulevard angepriesen wurde und in den USA ab Januar 1967 in die Record-Shops geliefert wurde. Für die CD im August 1999 vom 2-Spur-Masterband von Bruce Botnick und Bernie Grundman remastered.

* Bereits im Oktober 1967 brachten The Doors mit der LP *Strange Days* ein weiteres Album heraus. Für die CD im August 1999 vom 2-Spur-Masterband von Bruce Botnick und Bernie Grundman remastered.

* Wegen angeblicher Provokationen gegen die Polizei bei einem Doors-Konzert in New Haven (Connecticut) bekam Jim Morrison im Winter 1967 einigen Ärger und wurde mit Fotos und

Fingerabdrücken erkennungsdienstlich erfasst.

* Bei der folgenden LP W*aiting For The Sun*, die im Juli 1968 erschien, wurde für den Bass Leroy Vinegar engagiert. Produziert wurde diese LP wieder von Paul Rothchild. Die CD wurde im August 1999 von Bruce Botnick und Bernie Grundman remastered.

* Nach einem Auftritt am 1.3. 1969 im Dinner Key Auditorium (Miami/Florida) wurde Jim Morrison wegen angeblicher öffentlicher Entblößung angeklagt.

* Im Juli 1969 kam die LP *The Soft Parade* von den Doors in den Handel. Produziert wurde diese LP wieder von Paul Rothchild. Harvey Brooks und Doug Lubahn waren am Bass. Curtis Amy spielte Sax. George Bohanan spielte Trombone. Champ Webb spielte English Horn. Jesse Mc Reynolds spielte Mandolin. Jimmy Buchanan spielte Fiddle. Reinol Andino spielte Conga. Die CD wurde im August 1999 von Bruce Botnick und Bernie Grundman remastered.

* Mit dem Produzenten Paul Rothchild nahmen The Doors das Album *Morrison Hotel* auf. Mit dem Bassisten Ray Neopolitan. Dazu kam der Gitarrist Lonnie Mack zu ihnen ins Studio. Er spielte bei zwei Songs (*Roadhouse Blues* und *Maggie M'Gill*) den Bass. *Morrison Hotel* erschien im Februar 1970. Die CD wurde im August 1999 von Bruce Botnick und Bernie Grundman remastered.

* Die Doppel-LP *Absolutely Live* von den Doors erschien im Juli 1970. Produzent: Paul Rothchild. Die CD wurde im August 1999 von Bruce Botnick und Bernie Grundman remastered.

* Mit Jerry Scheff am Bass gingen Jim Morrison, Ray Manzarek, John Densmore und Robbie Krieger 1971 ins Studio. Dieses Mal produzierten The Doors zum ersten Mal ihr Album selbst. Dabei wurden sie von ihrem Ton-Ingenieur Bruce Botnick unterstützt. Heraus kam das Album *L.A. Woman*.
Es wurde in den USA ab April 1971 verkauft. Jerry Scheff am Bass und Marc Benno an der Rhythm Guitar. Die CD wurde im August 1999 von Bruce Botnick und Bernie Grundman remastered.

* Mit seiner Freundin Pamela Courson zog Jim Morrison im Frühjahr 1971 nach Paris. Dort wurde der Doors-Sänger, der ein neues Leben als Lyriker beginnen wollte, am 3. Juli 1971 tot in der Badewanne aufgefunden. Er wurde im Friedhof Père Lachaise zu Paris beerdigt. Das Grabmal wurde zum Wallfahrtsort für Morrison-Fans.

***

* Ohne Jim Morrison brachten die restlichen Doors zwei LPs heraus: *Other Voices* (1971) und *Full Circle* (1972).

* Während Ray Manzarek eine Solo-Karierre

begann, gründeten Robbie Krieger und John Densmore *The Butts Band*.

* Die übrig gebliebenen Doors taten sich 1978 wieder zusammen um die Lyrik von Jim Morrison, die der Sänger und Dichter an seinem letzten Geburtstag aufgenommen hatte, mit ihrer Musik zu unterlegen. Titel dieses Nostalgie-Werkes: *An American Prayer*.

* Francis Ford Coppola verwendete den Doors-Song *The End* für sein Vietnam-Epos *Apocalypse Now*, das 1979 in die Kinos kam.
* Das Buch „No One Here Gets Out Alive“ vom Autor Danny Sugarman und Jerry Hopkins wurde 1981 veröffentlicht. Dieses Buch über die Doors erreichte in den USA Platz 1 der Bestsellerliste.

* Die erste deutsche Ausgabe ("Keiner kommt hier lebend raus - Die Jim Morrison-Biographie") erschien im Augsburger Maro-Verlag 1982.

* 1990 veröffentliche der Doors-Drummer John Densmore das Buch. „Riders On The Storm - My Life With Jim Morrison And The Doors.“

* Der Film *The Doors* wurde mit Hilfe der noch lebenden Band-Mitglieder 1991 gedreht. Regie: Oliver Stone.

* Eine CD-Box mit 4 CDs mit dem Namen The Doors Box Set wurde 1997 in die Platten-Läden gestellt. Zu hören sind bei diesen Tondokumenten auch Demos, Unveröffentlichtes und das Stück *Orange County Suite*, bei dem wieder Morrisons Stimme später mit Musik unterlegt wurde.

Die Mitglieder der Band:

John Densmore: Schlagzeug (USA, geb. 1. Dezember 1944 in Los Angeles/Kalifornien)
Robby Krieger: Gitarre (USA, geb. 8. Januar 1946 in Los Angeles/Kalifornien)
Ray Manzarek: Keyboards (USA, geb. 12. Februar 1935 in Chicago/Illionois)
Jim Morrison: Gesang (USA, geb. 8. Dezember 1943 in Melbourne/Florida, verst. 3. Juli 1971)

THE
doors
(stereo)
elektra

The Doors
(Januar 1967)

Break On Through (To The Other Side). Soul Kitchen. The Crystal Ship. Twentieth Century Fox. Alabama Song. Light My Fire. Back Door Man. I Looked At You. End Of The Night. Take It As It Comes. The End.

Im Jahre 1966 wurde das erste Album der Doors in den Sunset Sound Studios in Los Angeles aufgenommen. Paul Rothchild als Produzent, Bruce Botnick als Engineer. Ein festes Team bis zur Aufnahme von *L.A Woman, als* Rothchild kapitulierte. Nach endlosen Auftritten als Hausband im "London Fog Club" und dem Aufstieg ins "Whisky A Go Go", dem damals angesagtesten Live-Club in L.A., schließlich der langersehnte Plattenvertrag mit Elektra Records, einem damals sehr progressivem Label (z.B. Love, Incredible String Band), das unter Insidern als sehr hip galt. Unkomplizierte Recording-Sessions mit einem Überreichtum an Material, aus dem ausgewählt werden muste. Magische Momente bei den Aufnahmen von *The End*. Volle Zufriedenheit nach der Endmischung. Ein perfektes Debütalbum, das in einer Reihe mit den herausragenden Werken der 60er wie *Pet Sounds* (Beach Boys), *Blonde On Blonde* (Bob Dylan), *Are You Experienced* (Jimi Hendrix Experience) oder *Revolver* (Beatles) steht.
Erste große Plakatierungsaktion für eine Rockband. Schneller Aufstieg. Hits. Endlose Auftritte, Interviews, Probe-Sessions. Keine Zeit zum Nachdenken. Konstruktion eines Images. Vermarktung dieses Images. Alles im Zeitraffer. Fünf Jahre in ein Jahr gepackt. Atemlosigkeit, Rastlosigkeit, allgemeine Verblüffung

"In that year there was an intense visitation of energy. I met the Spirit of Music." (Jim Morrison)

"In diesem Jahr hatten wir einen ungeheuren Energieschub. Ich traf den Geist der Musik."

BREAK ON THROUGH (TO THE OTHER SIDE)

(THE DOORS)

You know the day destroys the night

Das Drama beginnt. Der erste Aufschrei. Ein Schrei, der aus einer längst vergessenen Zeit zu kommen scheint. Der Durchbruch zur anderen Seite. Wieder wird eine Tür geöffnet. Doch was befindet sich auf dieser anderen Seite? Darauf kommt es nicht an. Der Weg ist das Ziel. Vielleicht ist dort nichts. Einzig und allein der Versuch zu dieser Seite zu gelangen zählt. Wenn man nicht mehr fliehen kann und keinen Platz mehr hat sich zu verbergen, muss man eine andere existentielle Ebene finden. Der Song klingt wie ein Fanal oder eine Kampfansage für einen Kampf auf dem Schlachtfeld, auf dem jeder Sieg schmerzt. Er wird von einem jazzigen Beat angetrieben, der in den Strophen zurückhaltend und defensiv klingt und aufgrund dieses Understatements eine unheimliche Spannung aufbaut, die sich im Chorus eruptiv entlädt und sich in dem mantraartigen Schrei „Break on through to the other side" widerspiegelt. Die in den Strophen schweigende Gitarre von Robbie Krieger darf im Chorus schließlich laut schreien und verstärkt den Eindruck, dass es sich beim Rock'n Roll um eine elementare Urkraft handelt, deren Unmittelbarkeit Berge (oder Felsen) versetzen kann und die stärker ist als all jene "pleasures" und "treasures", die wir vor der ersten großen elektrischen Explosion kennengelernt haben.

Der Rock als Initiationsritus, der wirklich eine andere Seite öffnet. Jim Morrison als singender und tanzender Schamane, als Zeremonienmeister, der uns mit einem Fingerschnippen sämtliche vergessenen und verdrängten archaisch-heidnischen Symbole eines jeden Zeitalters in die Erinnerung zurück-verpflanzt. Diese gleissende Elektrizität, die in *Break On Through* beschworen wird, beschreibt Jim Morrison, der Dichter, in seinem Gedicht "Anatomy of Rock" mit folgenden Worten:

"The 1st electric wilderness came
over the people
on sweet Friday.
Sweat was in the air.
The channel beamed,
token of power.

Incense brewed darkly.
Who could tell then that here
It would end?"

"Die erste elektrische Wildnis überkam
uns Freitag abends.
Die Luft war voller Schweiß.
Der Lautsprecher vibrierte,
ein Zeichen der Kraft.
Weihrauch brannte mysteriös.
Wer konnte damals ahnen,
dass dies bereits
das Ende war?"

In wenigen Zeilen werden hier schon viele für Morrison archetypische Elemente skizziert, von deren Grundstruktur er nie mehr lassen sollte: Rock als geheimnisvolle Kraft, die Elektrizität als karthatisches Moment, das Livekonzert als Ritus und das Bewusstsein, das alles jederzeit ein Ende haben kann: Die Erlösung im Moment. Ist das schon die andere Seite? Der Song *Break On Through* hat genau diese Kraft, um als Eröffnung für all dies zu dienen, was noch kommen sollte. Jetzt haben wir ihn zum ersten Mal gehört, jenen Schrei, jenen SCHREI, der uns nie mehr loslassen sollte. Und sehen nun vielleicht zum ersten Mal klar, dass vor uns ein grosses Tor wartet ... Gate is straight, deep and wide (Das Tor ist vor uns, groß und breit)..., das zu durchschreiten unsere höchste Aufgabe ist. Initiation und erster Anflug von Transzendenz in 2:25 Minuten. Welche Band hat das sonst noch geschafft?

SOUL KITCHEN
(THE DOORS)

Well, the clock says it's time to close now

Ein schöner Popsong über das Gefühl nicht nach Hause gehen zu wollen. Dort, wo es die ganze Nacht schönes SOUL FOOD zu essen gibt und der Herd warm ist. Der Ort, an dem sich jeder Drifter wohl fühlt, da sein Zuhause kalt und leer ist. Der Ort, an dem man lernt zu vergessen. Zweiter Song, zweites Motto/ Mantra: "Learn to forget!" ("Lerne zu vergessen!") Musikalisch gefällig, doch erneut mit einer solchen emotionalen Wucht vorgetragen, dass man es wieder und wieder hört und immer mehr hineingezogen wird in diese seltsame Stimmung der Vergeblich- und Vergesslichkeit und sich zusehends darin verliert. Und plötzlich dreht und wendet sich alles, man fühlt sich wie Alice hinter den Spiegeln: ein scheinbar gefälliger Popsong hat seine zweite Dimension geoffenbart.

Und nun ist nichts mehr gefällig oder vergeblich, denn nun befindet man sich in einem ganz anderen Raum, in dem es nicht mehr um SOUL FOOD und um einen warmen Herd geht, sondern um jene Küche, in der die eigene Seele langsam geschmort und aufgefressen wird. Und plötzlich machen alle in dem Song enthaltenen Bilder Sinn und ergeben ein Ganzes, das weitaus mehr als die Summe seiner Einzelteile ist:

"... Street lights shed their hollow glow ... your brain seems bruised with numb surprise ... still one place to go ... speak in secret alphabets ... learn to forget."

" ... Straßenlaternen teilen ihre hohle Glut ... Dein Geist ist vor lauter starrem Erstaunen wie zerschlagen ... Immer noch ein Ort wo man hingehen kann ... in geheimen Alphabeten sprechen ... lerne zu vergessen."

Aus dieser anfangs scheinbar ziemlich wirren Assoziationskette entsteht eine unheimliche und gespenstische Stimmung und man versteht plötzlich, warum dieser Sänger nicht nach Hause gehen will, nicht nach Hause gehen KANN: Das, was wir (im wörtlichen wie im metaphorischen Sinn) als Zuhause definieren, gibt es für ihn nicht mehr. Er ist ein Gejagter, eine Ausgestossener, dessen letzte Zuflucht das Vergessen darstellt, der einen Herd braucht, der nicht nur den Körper, sondern vor allem den Geist wieder neu zu erwärmen imstande ist und der weiß, dass er immer wieder herausgeworfen werden wird, um für immer in den trostlosen Neonwäldern herumirren zu müssen. Ein Verdammter, ein Gestrandeter, ein Getriebener, der mit dem Bild einer Hölle konfrontiert wird, die schon der Bluessänger Robert Johnson gefürchtet und immer wieder in seinen Songs artikuliert hatte.

Diesen Ort hat nun auch Jim Morrison betreten. Erinnerungen an alte Blues-Titel ... *Me And The Devil Blues ... Come On In My Kitchen ... Preachin' Blues (Up Jumped The Devil) ... Cross Road Blues ... Hell Hound On My Trail ... If I Had Possession Over Judgement Day* ... Dort draußen, in dieser archaischen Geisterwelt, dort draußen wartet *Soul Kitchen.* Und

dort draußen gibt es kein Erbarmen, keine Gnade, keine Hoffnung.

THE CRYSTAL SHIP

(THE DOORS)

Before you slip into unconsciousness

Der dritte Song auf einem Debütalbum, komplett anders als der erste und zweite Song. Welche Band kann das von sich behaupten? Immer wieder diese Frage. Und zum ersten Mal die Erwähnung jenes Wortes, das einen (wohlgemerkt nur einen!) Schlüssel zum Verständnis der geistigen Architektonik eines Besessenen wie Jim Morrison darstellt: Unconsciousness - Das Unbewusste. Bilder aus dem Unbewussten holen, mit den eigenen Erfahrungen filtern und sie einer breiten Masse vorstellen, die sich darin wiederfindet, ohne diese Bilder dechiffrieren zu wollen. Unmittelbares Verständnis erzeugen, die Bilder den Menschen ins Gesicht schreien, dazu eine Rockband spielen lassen und dadurch die Massen erreichen ...

Musikalisch unterscheidet sich dieser (und viele andere) Song von allem, was 1967 in Amerika an Musik geschaffen wurde. Nichts hat hier mit der Blues- oder Rock'n Roll-Tradition zu tun, aber alles mit der (symphonischen) europäischen Musiktradition. Dieser Song ist eine Minisymphonie, bei der in 2:30 Minuten alles gesagt wird. Bemerkenswert die Orgel, die unglaubliche Weiten erreicht und den Text und die Musik zu einer homogenen Einheit verschmelzen lässt. Doch was verbirgt sich hinter jenem "kristallenen Schiff"? Beim ersten Hören glaubt man, es handle sich um die Beschreibung eines (Drogen-)Trips. Doch wie beinahe immer, wenn man es mit der Poesie derart komplex strukturierter Menschen wie Jim Morrison zu tun hat, handelt es sich hier nicht um die ganze Wahrheit. Zuallererst stelle man sich lange und intensiv das Bild eines kristallenen Schiffes vor. Dieses Schiff ist wiederum eine weitere Fluchtmöglichkeit, d.h. eine weitere Tür, durch die man hindurchschreiten kann, um etwas anderes zu finden, etwas, das mit der Wirklichkeit des normalen Rezipienten nichts gemein hat. Das kristallene Schiff repräsentiert eine Welt hinter der Welt, einen Bereich der Existenz jenseits des Rationalen oder Analyti-

schen. Dieser Jim Morrison nun stürzt sich ohne Vorbehalte in jene Welt der "thousand thrills", um endlich jenen Tagen zu entkommen, die „bright and filled with pain" sind. Für den durchschnittlichen Freak genügt vielleicht ein kleiner Joint, um den Zustand des "Bliss" zu erreichen und das kristallene Schiff zu betreten, doch jemand wie Jim Morrison braucht diese Drogen höchstens, um in der normalen Welt funktionieren zu können, um "nüchtern" werden zu können, da er das Bild des kristallenen Schiffes bereits in sich trägt.
Auszug aus einem Interview: "Ich biete symbolische Bilder, ich beschwöre Erinnerungen an eine Freiheit, die noch immer erreichbar ist - wie die Doors, richtig? Aber wir können die Türen nur aufstoßen - wir können die Leute nicht hindurchzerren. Ich kann sie nicht befreien, wenn sie nicht frei sein wollen ... Ein Mensch muss den Willen haben, alles aufzugeben, nicht bloß seinen Besitz. Sondern den ganzen Bullshit, den man ihm eingetrichtert hat, die ganze Gehirnwäsche der Gesellschaft. Wer auf die andere Seite will, muss sich alldem versagen. Dazu sind die wenigsten bereit."

TWENTIETH CENTURY FOX
(THE DOORS)

Well she's fashionably lean

Ein schöner doppelsinniger Titel - Twentieth Century Fox ist der Name einer großen amerikanischen Filmgesellschaft, aber auch ein "Fox" (= sexuell attraktive Frau) des 20. Jahrhunderts, eine Vertreterin einer neuen Zeit. Diese Frau ist cooler als alle anderen, sie lässt sich von niemandem herumkommandieren, sie hält nichts von grundsätzlichen Gesprächen ("elementary talk") und sie ist niemals langweilig. Der in einer rigiden patriarchalischen Familienstruktur (sein Vater war Marineadmiral) erzkonservativ erzogene Jim Morrison präsentiert hier einen neuen Frauentypus, der mit der alten Zeit nichts mehr zu tun hat. Keine Frau, die ihr Licht unter den Scheffel eines Mannes stellen würde, sondern eine Frau, die nach ihren eigenen Gesetzen lebt. Allerdings wird diese Frau nicht vollends glorifiziert oder hochstilisiert, sondern auch mit einem Anflug von Ironie betrachtet: "Got the world locked up inside a plastic box" ("Sie hat die Welt in

eine Plastikdose eingesperrt."). So ist auch dieser moderne Frauentypus nur eine Attrappe, eine Mode-Erscheinung, der man sich beugen kann, die jedoch nichts mit dem Ausdruck von Individualität zu tun hat.
Noch öfters wird Jim Morrison seine ganzen Mädchen und Frauen besingen, die unglücklich oder verloren sind oder die auf der *Love Street* wohnen und ihn dort zum Verweilen einladen. All diese ganzen Hippiemädchen, bei denen er schlief, mit denen er schlief und die ihn treu umsorgten, wenn er mal wieder irgendwo abgestürzt war und eine Bleibe suchte. Irgendein *Soul Kitchen ...*
Archetypus all dieser Frauen war seine Lebensgefährtin Pamela Courson, die Morrison einst als "kosmische Gefährtin" bezeichnete. Pamela war eine Frau der neuen Zeit, vielleicht ein "Twentieth Century Fox", vielleicht aber auch etwas ganz anderes.

ALABAMA SONG (WHISKY BAR)

(WEILL - BRECHT)

Show me the way to the next whiskey bar

Eine Reverenz an Bertolt Brecht und seinen Komponisten Kurt Weill. Der *Alabama Song* stammt aus der Oper "Aufstieg und Fall der Stadt Mahagonny" und wurde schon bei Brecht auf Englisch gesungen. Die Doors waren die ersten Rockmusiker, die Brecht coverten und wahrscheinlich auch unter den wenigen, die im Jahre 1966/67 in Los Angeles mit diesem Namen vertraut waren. Offensichtlich stammte auch dieser Impuls von Jim Morrison, der belesener war als die meisten anderen Leute seiner Generation und sich dabei immer sehr stark für die europäische Moderne interessiert hatte. Bertolt Brecht hatte in seiner Dramaturgie und dialektischen Denkweise schon viele Motive vorweggenommen, auf die Jim Morrison später zurückgreifen sollte, um sie in sein Repertoire zu integrieren. Wichtig ist hier vor allem das erste Drama von Brecht: "Baal". Dieser Baal ist ein junger Wilder, der sich über sämtliche gesellschaftlichen Konventionen hinwegsetzt und in einer von ihm selbst kreierten mythologischen Welt lebt, die ihn Passagen wie diese ausstoßen lässt:

"Zu den feisten Geiern blinzelt Baal hinauf
Die im Sternenlichte warten auf den Leichnam Baal
Manchmal stellt sich Baal tot. Stürzt ein Geier drauf
Speist Baal einen Geier, stumm, zum Abendmahl"

Oder wie diese:

"Unnütz bist du, räudig, toll, du Tier!
Eiter bist du, Dreck, du Lumpenhaufen!
Luft schnappst du uns weg mit deiner Gier
Sagten sie. Und er, er, das Geschwür:
Leben will ich! Eure Sonne schnaufen!
Und im Lichte reiten so wie ihr!"

Die Sprache von Jim Morrison, lange vor Jim Morrison. Baal ist ein Ur-Typus, der sich in jeder Gesellschaftsform und in jedem Zeitalter manifestiert und dessen Sinn, Ziel und Zweck die Provokation ist. Andere Baals waren der Marquis de Sade, Arthur Rimbaud, Charles Baudelaire, Jean Genet und viele viele andere. Der elektrische Baal, der Baal der Rockmusik wurde schließlich Jim Morrison, da dieser Habitus sehr gut in die Aufbruchsstimmung der 60er passte und da irgendjemand diese Rolle besetzen musste. Doch war Jim Morrison immer bewusst, dass sein Image und seine Mythologie nichts Neues war. Neu daran war nur die Tatsache, dass er dies in der Welt der Popmusik tat (und dass seine Adonis-Erscheinung eine hervorragende Projektionsfläche für sämtliche Sehnsüchte vor allem junger Fans abgab). Brecht auf dem Debütalbum einer jungen kalifornischen Rockband. Musikalisch hervorragend zu ihnen passend. Die Doors hätten sogar eine ganze Brecht/Weill-Oper aufführen können und hätten ihren Stil nicht groß zu verändern brauchen, da sie ja mit einem Bein sowieso immer im Lager der europäischen Musiktradition standen (und mit dem anderen knietief im Blues). Der Song klingt bei ihnen wie eine Eigenkomposition, so mühelos konnten sie ihn in ihr Repertoire integrieren.
Was die Sache noch interessanter macht, ist die Tatsache, dass sie auf die letzte Strophe des Originalsongs von Brecht/Weill komplett verzichteten:

"Oh, show us the way to the next little dollar!
Oh, don't ask why, oh, don't ask why!
For we must find the next little dollar
For if we don't find the next little dollar
I tell you we must die!
Oh moon of Alabama
We now must say good-bye
We've lost our good old mamma
And must have dollars
Oh, you know why."

"Oh, zeig' uns den Weg zum nächsten kleinen Dollar!
Frage nicht warum! Frage nicht warum!
Denn wir müssen den nächsten kleinen Dollar finden
Denn wenn wir den nächsten kleinen Dollar nicht finden
Ich sag dir, dann müssen wir sterben!
Oh Mond über Alabama
Wir müssen uns jetzt verabschieden
Wir haben unsere gute alte Mutter verloren
Und brauchen jetzt Dollars
Du weisst schon warum."

Etwas auslassen heißt auch etwas anders interpretieren. Jim Morrison hat Zeit seines Lebens nie großen Wert auf Besitz oder Kapital gelegt. Letztlich führte er das Leben einer total isolierten Existenz, die nur für einen Traum lebte. So war er wohl entschieden dagegen, die Strophe mit der Jagd nach den Dollars zu singen. Die Doors wollten nie kommerziellen Ausverkauf begehen oder den Eindruck erwecken, sie seien hinter dem Geld her. In diesem Sinne waren sie eine subversive Band, subversiver als es moderne antikapitalistische Bands wie Rage Against The Machine jemals sein können, die ihre Messages bei einem großen multinationalen Plattenkonzern veröffentlichen und in dikken Villen leben. Jim Morrison lebte im metaphorischen wie im eigentlichen Sinne oft in der Gosse. Und er war in dem Sinne wirklich subversiv, als ihm das scheißegal war. Nie hätte er Aktien gekauft oder sein Geld in Immobilien angelegt, wie das in unserer Zeit so viele Rockstars gerne tun. Jemand wie Jim Morrison war nie der verlängerte Arm des Musikbusiness und daher auch nie der lange Arm des Kapitalismus. Jeder "-ismus" war ihm fremd.
Er war durch und durch Individuum, das für seine individuelle Freiheit kämpfte. Und das ist auch in unserer Zeit noch subversiv!

LIGHT MY FIRE
(THE DOORS)

You know that it would be untrue

Der erste Hit. Die Hymne. Geschrieben übrigens von dem Doors-Gitarristen Robbie Krieger, auch die Lyrics (die aber trotzdem wie ein typischer Jim Morrison-Text klingen - wer hat hier wohl wen beeinflusst?). Eines der definitiven Statements der Rock-Ära. Text und Musik ergänzen sich perfekt und man wird unweigerlich in einen Strudel hineingezogen, der nicht mehr zu enden scheint. Es gibt viele Stories zu diesem Song. Ein paar Beispiele:

(1) Die Doors sollten bei der renommierten Ed Sullivan Show in New York auftreten und *Light My Fire* live präsentieren. Bob Precht, der Regisseur dieser Show, wollte die Band dazu überreden, anstatt der Zeile "Girl, we couldn't get much higher" etwas anderes zu singen und vor allem das Wort "higher" zu eliminieren, da dies ja in Amerika verpöhnt sei und es sei ja nicht so schlimm, was anderes zu singen und man solle fröhliche Gesichter dazu machen blablablabla ... Ein gefundenes Fressen für einen Spassvogel wie Jim Morrison, der dann natürlich "higher" sang, einen Riesenskandal entfachte, nimmermehr zur altehrwürdigen Show eingeladen wurde und seinen "Lapsus" damit entschuldigte, er habe in der ganzen Aufregung einfach vergessen, die Zeile zu ändern.

(2) Die Firma Buick wollte den Song als Werbejingle. Text: "Light My Buick" ... Gerüchten zufolge waren drei der Doors mit dem Deal einverstanden, bis der Vierte, nachdem er dieses Angebot gehört hatte, komplett ausflippte. Wer wohl? Der Deal kam nie zustande.

(3) Jim Morrison soll bei der Live-Performance des Songs immer brennende Streichhölzer ins Publikum geschnippt haben. Konkreter Symbolismus!

(4) Für die Singlefassung wurde der 6:50 Minuten lange Song auf ein Drei-Minuten-Popsongformat verstümmelt. Dabei fielen die großartigen modalen Gitarren- bzw. Orgelbreaks, die auf Basis einer monotonen Dual-Akkordbegleitung dem Song eine enorme Spannung und hypnotische Grundstruktur verliehen hat-

ten, der Schere zum Opfer. Pop is Pop is Pop!
(5) Ray Manzarek, der Organist der Doors, lebt auch im neuen Jahrtausend noch von dem Mythos der Doors und überhöht diese Mystifizierung ins unendlich Absurde. Ein Auszug aus einem Interview:

"If Robbie had never written *Light My Fire*, we definitely would have never been as big as we were. We would have been successful, but on a more underground level. My God, *Light My Fire* had the magic in it. Robbie was blessed, just like how in the Bible the Holy Ghost comes and blesses Jesus' disciples and a little tongue of flame descended upon Robbie's head when he wrote *Light My Fire*."

"Wenn Robbie niemals *Light My Fire* geschrieben hätte, wären wir sicherlich nicht so groß herausgekommen. Wir wären wahrscheinlich schon erfolgreich gewesen, aber mehr auf so einem Underground-Level. Mein Gott, *Light My Fire* hatte etwas Magisches. Robbie war gesegnet, so wie sich in der Bibel der heilige Geist auf die Jünger herabsenkt und sie segnet, senkte sich eine kleine Flammenzunge über Robbie's Kopf, als er *Light My Fire* schrieb."

(6) Jim Morrison weigerte sich später in zunehmenden Maße, diesen Song live zu präsentieren, da seiner Meinung nach das Publikum zu fokussiert auf diese Hits der Frühphase war - verbunden mit all den Imageerscheinungen, die in dieser Phase kreiert worden waren und denen sich Morrison entziehen wollte : Sexsymbol, schwarzes Leder, Lizard King, Politiker der Erotik, Popstars mit Pophits, Zugeständnisse an den Markt. Auch Jimi Hendrix weigerte sich später, Songs wie *Hey Joe* zu präsentieren, da sie nichts mehr mit seiner weiteren musikalischen Entwicklung zu tun hatten. Sogar Nirvana spielten am Ende kein *Teen Spirit* mehr. Und sie alle hatten die gleichen Gründe.

Aber:

(7) *Light My Fire* wird immer ein Synonym für The Doors bleiben.

BACK DOOR MAN

(W.DIXON / C. BURNETT)

I'm your back door man

Ein Album mit zwei sehr sorgsam ausgewählten Coverversionen. Die erste, *Alabama Song* , stellt eine Hommage an die europäischen Einflüsse dar, *Back Door Man* ist eine tiefe Verbeugung vor dem Blues. Der Komponist des Songs, Willie Dixon, steht symptomatisch für die rauhe Schule des Chicago-Blues und war Songlieferant für Blues-Größen wie Muddy Waters oder Howlin' Wolf, deren Hits wie *Hoochie Coochie Man, Spoonful* oder *I Ain't Superstitious* aus seiner Feder stammen und später auch von unzähligen Rock-Bands wie The Jeff Beck Group, Led Zeppelin oder Cream gecovert wurden und noch heute zum Standardrepertoire einer jeden Rock- oder Blues-Band gehören. Leider ging es Willie Dixon dabei oft nicht besser als vielen seiner schwarzen Kollegen: In zahlreichen Fällen wurden seine Songs als "Traditionals" behandelt, manche (vor allem weiße) Bands wie Led Zeppelin "vergaßen" des Öfteren, auf ihren Alben die Credits den Originalkomponisten zuzuschreiben, die dann keinen einzigen Dollar an ihren Songs verdienten. Diese Art von Kulturimperialismus wurde später glücklicherweise durch einschlägige Gerichtsurteile vereitelt. Doch in den 60ern wurde das Urheberrecht noch recht locker gehandhabt. Die Doors jedoch vergaßen nicht, die Credits richtig anzugeben, besaßen sie doch einen tiefen Respekt gegenüber dem schwarzen Blues, seinen Repräsentanten und deren Primäreinfluss auf die Entwicklung jeglicher Rockmusik. John Lennon, immer schon ein ehrlicher Zeitgenosse, verglich dann auch den Blues mit dem Archetypus eines Stuhles, auf dem alle ihren Platz fanden:

"The blues is real, it's not perverted or thought about, it's not a concept. It's a chair, not a design for a chair, or a better chair, or a bigger chair or a chair with leather on...it is the first chair. It is a chair for sitting on, not for looking at or for being appreciated. You sit on that music."

"Der Blues ist echt, er hat nichts Pervertiertes oder Ausgedachtes, er basiert nicht auf

einem Konzept. Er ist ein Stuhl, nicht das Design für einen Stuhl oder ein besserer Stuhl oder ein größerer Stuhl oder ein Stuhl mit Lederbezug...Er ist der erste Stuhl. Dieser Stuhl ist dazu da, auf ihm zu sitzen, nicht, angeschaut oder anerkannt zu werden. Man sitzt auf dieser Musik."

Jim Morrison war der größte Blues-Enthusiast bei den Doors, weil er die Direktheit und emotionale Authentizität dieser Musik mehr als alles andere schätzte. Außerdem gefiel ihm die Tatsache, dass man durch den Blues alle emotioalen Facetten artikulieren kann. Bei *Back Door Man* handelt es sich um einen schmierigen, lasziven und schmutzigen Blues, dessen impliziert-sexuellen Untertöne manche Zeitgenossen mehr provozierten als die lange ödipale Passage in *The End*. Jim Morrison fühlte sich in der Rolle des *Back Door Man* dann auch sichtlich wohl, da der Inhalt solcher Songs ebenso zur Festigung seines Images als dunkler und bedrohlicher Sexgott beitrug wie andere zu diesem Zweck ausgewählte Insignien wie eine enge schwarze Lederhose. Alles an Jim Morrison war Inszenierung und diente dem Zwecke der Inszenierung. Doch diese verschiedenen Ansatzpunkte addierten sich zu einem Gesamtbild, das größer als die Summe seiner Einzelteile war und an dem er später zerbrechen sollte. Hier also die Szene als geiler Bluesmann, der durch die Hintertür kommt und wieder verschwindet. Schon im Intro des Songs stöhnt und faucht er so, als müsse er um die Wette balzen. Dieses testosteron-geladene Gegrunze und der anschließende emotionale Gesang von Morrison machen jedoch mehr aus diesem Song, der in der musikalischen Umsetzung recht steif und formalisiert klingt und meilenweit von dem, was man unter echtem Blues versteht, entfernt zu sein scheint. Die Gitarre von Robbie Krieger klingt brav und ziemlich clean, hat also nichts von dem Schmutz und Trash schwarzer Bluesgitarristen wie Muddy Waters. Gegenüber der schonungslos offen dargestellten Perversion eines Jim Morrison nimmt Krieger sich gar als kleiner Chorknabe aus, der sich kurz vor dem Stimmbruch befindet. Man erwartet hier ein Röcheln, ein Zerren an den Eingeweiden, aber er vermag seinem Instrument nur eine sanfte Brise zu entlocken. Aber vielleicht ist das ja ein Zugeständnis an all die "little girls", die verstehen. Die alles verstehen, solange jemand wie Morrison ihnen den Weg zum Verständnis weist. Eine der schönsten Zeilen der gesamten Musikgeschichte: "The men don't know, but the little girls understand." ("Die Männer wissen es nicht, aber die kleinen Mädchen verstehen.") Essenz dieses Songs, Credo für die Gläubigen. In jedem Doors-Song steckt mindestens ein guter Slogan, den man sich irgendwohin stecken oder mit dem man hausieren gehen kann. Mit diesem hier wird man auf jeden Fall seinen Spaß haben.

I LOOKED AT YOU

(THE DOORS)

I looked at you

Eine nette Zweiminuteneinlage, bevor es in den Abgrund der Hölle geht. Ein für die Doors untypischer Song, da er auf einem eher für Bands wie The Byrds charakteristischem Folk-Rock-Jingle-Jangle-*Mr. Tambourine Man*-Sound basiert, den man vorschnell der Frisco-Szene dieser Zeit zuordnen würde. Liebliche Musik, liebliche Lyrics. Allem Anschein nach ein harmloser kleiner Lovesong von den Vertretern der Mächte der Finsternis (wie die Doors von nicht wenigen ihrer Zeitgenossen genannt wurden). Der Junge trifft ein Mädchen, sie schauen und lächeln einander an, sprechen miteinander und gehen schließlich "miteinander weg". Ganz einfach. Doch hier kommt wieder das geniale dramatische Talent von Jim Morrison : Wie er im Chorus die Zeile "It's too late" ausstößt, sich in ihr herumwälzt und sie bis zum Extrem zerreisst, verpasst er der Harmlosigkeit und vordergründigen Harmonie dieses beim ersten Eindruck so banalen Songs eine drastische Wendung. Nein, dieses "too late" bedeutet nicht, dass zwischen den beiden alles (im sexuellen Sinne) passiert ist, es weist viel weiter. Es ist etwas Schreckliches vorgefallen. Das Drama hat wieder Besitz von Jim Morrison ergriffen. So wie der Song interpretiert wird, denkt man, jemand habe in diesen zwei Minuten seine Seele verloren. Ein kurzes Drama im Popsongformat. Ob die munter drauflos musizierenden Kollegen Jim Morrison jemals richtig verstanden haben, bleibt fraglich. John Densmore, der vom Jazz kommende Drummer, der jede zweite Woche wegen Morrison die Band verlassen wollte und glücklich gewesen wäre, hätte er in einer "normalen" Band wie Love sein dürfen (er hat dies in seiner Autobiographie "Riders On The Storm" wirklich so geschrieben). Dann Robbie Krieger, der vom Blues und Flamenco kommende Gitarrist der Doors, im Geheimen Densmore's stiller Vertrauter, was seine Einstellung zu Jim Morrison anbelangte. Und dann Ray Manzarek, der Älteste der Gruppe, der mit seinem charakteristischen Orgelspiel den Sound der Doors maßgeblich prägte . Gerüchten zufolge soll er auf rein intellektueller Ebene prächtig mit Morrison kommuniziert haben. Aber dann wäre dieser Jim Morrison ein ziemlicher Schwachkopf gewesen. Und das war er nicht.

END OF THE NIGHT

(THE DOORS)

Take the highway to the end of the night

Der Dichter William Blake (1757-1827) übte auf Jim Morrison einen sehr starken Einfluss aus. Unter den englischen Dichtern der Romantik galt er als Outsider, als Freak (erste Grundlage/Basis, um die Aufmerksamkeit eines Jim Morrison zu erwecken). Er galt als verrückt - aber genial (zweite Voraussetzung). Als Kind hatte er bereits eine Vision des Propheten Hesekiel. Auch Jim Morrison hatte als Kind die schon lange zu seiner Mythologie gehörende und immer wieder gern erzählte Vision von Indianerseelen, die sich seiner Seele bemächtigt hatten (siehe *Peace Frog* von dem Album *Morrison Hotel*). Blake wurde nun Dichter und Maler (eigentlich Kupferstecher), in dessem Weltbild verschiedene Kräfte wie "Urizen" (die abstrakte Vernunft), "Los" (das Schöpferische) oder "Orc" (die Rebellion) miteinander konkurrierten. Jim Morrison war von dieser Frühform einer psychedelischen Mythologie so angetan (Blake war übrigens auch heftigster Verfechter des "Rausches" als Moment der innersten Inspiration), dass er sich mit vielen Textpassagen dieses Dichters stark identifizierte und diese sich selbst zuordnete. Ein Beispiel dafür ist *End Of The Night*, das William Blake in seiner Jim Morrison-Rolle wiederauferstehen oder Jim Morrison seine William Blake - Rolle inszenieren lässt. Der Originaltext von Blake steht in seinen "Auguries Of Innocence" ("Weissagungen der Unschuld"). Ein Ausschnitt:

"Every Night & every Morn
Some to Misery are Born.
Every Morn & every Night
Some are Born to sweet delight.
Some are Born to sweet delight,
Some are Born to Endless Night.
We are led to Believe a Lie
When we see not Thro' the Eye
Which was Born in a Night to perish in a Night
When the Soul Slept in Beams of Light.
God Appears & God is Light
To those poor Souls who dwell in Night,
But does a Human Form Display
To those who Dwell in Realms of Day."

"Jede Nacht und jeden Morgen
Werden manche in das Elend geboren.
Jeden Morgen und jede Nacht
Werden manche in das süße Entzücken geboren.
Manche werden in das süße Entzücken geboren,
Manche in die endlose Nacht.
Wir werden dazu gebracht einer Lüge zu glauben
Wenn wir nicht durch das Auge schauen
Das in einer Nacht geboren wurde um in einer Nacht zu vergehen
Als die Seele in Strahlen von Licht schlief.
Gott erscheint und Gott ist Licht
Jenen armen Seelen, die von der Nacht umgeben sind.
Aber er nimmt eine menschliche Form an
Für die, die der Tag umhüllt."

Diese Worte von William Blake reduzierte Jim Morrison auf ein Skelett (mehrere gute Slogans in einem Song!) und erweiterte sie um die Zeile "Take a highway to the end of the night", die jedoch wiederum geklaut war, und zwar von dem Titel eines Romans: "Reise ans Ende der Nacht" von Louis Ferdinand Celine. Morrison strotzt hier nur so von literarischer Referenzen, wirft sie alle in einen Topf, rührt ein bisschen darin herum und heraus kommt - etwas Großartiges! *End Of The Night* ist neu. Ist noch immer neu. Der Song ist eine Geisterbeschwörung, während derer Morrison einen Kampf mit sämtlichen ihn quälenden inneren Dämonen auszufechten scheint. Dazu kreiert die Band, die Statisten, einen atmosphärisch - dichten, hypnotisch - suggestiven musikalischen Sog, dessen Essenz darin besteht, den "Poeten" bei seiner verzweifelten Suche nach Erlösung zu unterstützen und nicht allein zu lassen. Auch musikalisch mit das Eindrucksvollste, was die Statisten jemals kreiert hatten. Jim Morrison intoniert diesen Song anfangs wie eine Beschwörung, deren Charakter jedoch schon bald dem des Schmerzes und Leides weicht, das hier unverstellt artikuliert wird. Als er dann zum zweiten Mal "realms of bliss" („fern von Glückseligkeit“) singt, erschaudert man und glaubt ihm jedes Wort, jedes Wort, das er über die dualistische Natur der Existenz aus dem tiefen Schlund seiner inneren Seele hervorbringt. Es bleiben keine Zweifel übrig, zu welcher Kategorie Mensch er gehört. Nie könnte er an der süßen Lust des Menschengeschlechts teilhaben, er, Kind der endlosen Nacht, deren Ausgang nur der Tod sein kann. So beschreibt er seine Existenz als lange Reise jenem Ausgang entgegen. Seine Stimme ist hier personifizierte Einsamkeit und Kälte. In diesem Randbereich menschlichen Empfindens bleibt keine Hoffnung übrig, es bleibt nur Isolation (allein mit dem Schicksal) und Desolation. Die Türen sind weit offen.

TAKE IT AS IT COMES

(THE DOORS)

Time to live, time to lie

Nach jener Gebrauchsanweisung zum Empfinden existentieller Schmerzen folgt nun eine Gebrauchsanweisung dafür, die Dinge so zu nehmen wie sie sind und einem jeden davon gelassen ins Auge zu sehen.

John Densmore und Robbie Krieger waren eigentlich typische Hippies. Sie stiegen voll auf den ganzen Yoga-Hippie-Indien-Räucherstäbchen-Batikmode vermischt mit Spiritualität-Trip ein und besuchten nun auch Kurse in Transzendentaler Meditation.

Jemanden wie Jim Morrison, der an der anderen Seite der Nacht lebte, amüsierte dieser Versuch Heil zu erlangen natürlich sehr und Gerüchten zufolge soll er einmal ein "Happening" des Mahareshi Yogi (der Beatles-Guru) besucht haben, um diesem in die Augen zu schauen und abzuchecken, ob er glücklich sei. Den gleichen Gerüchten zufolge sah er das Glück in des Yogi's Augen und widmete ihm den Song *Take It As It Come*s, dem letzten Stop vor dem endgültigen Abstieg ins Zentrum der Hölle (*The End*). In diesen Lyrics bezieht er sich auf einen Spruch im Alten Testament, der besagt, dass es für ein jegliches Ding die rechte Zeit gebe. Morrison erweitert den in der Bibel dargestellten Katalog jedoch noch um ein paar Subtilitäten. In seiner Weltsicht gibt es auch die rechte Zeit zu lügen und die rechte Zeit, um Pfeile gegen die Sonne zu schleudern. Man solle folglich nicht mit dem Schicksal hadern, auch solle man langsam und beschaulich vorgehen, wenn man will, dass die Dinge (hier: "love") Bestand haben sollen. Und wieder haben wir zwei tolle Slogans, die unser Leben bereichern und uns den Weg weisen : "Take it easy, baby, take it as it comes" ("Nimm's leicht, Baby, nimm es wie es kommt") und "Specialize in having fun" ("Spezialisiere dich darauf, Spaß zu haben"). Es ist bei den Doors unheimlich cool, wie nahe sich das Triviale und das Erhabene kommen und doch eine fruchtbare symbiotische Beziehung miteinander eingehen. Man kann anhand solcher Lyrics immer wieder feststellen, was für ein durchtriebener Spaßvogel dieser Jim Morrison gelegentlich war. Dann, wenn die Geister, die ihn heimsuchten, schwiegen. Er konnte tolle Parodien auf Hippie-Lyrik schreiben. John und Robbie fanden es wahrscheinlich klasse und groovten dazu mit ihrem alten Tastenmann, als ginge es darum, ganz Haight Ashbury auf die Beine zu bringen. Dig dig dig man, this one here is groovy and so far-out, dig man, just dig it ...

THE END

(THE DOORS)

This is the end, beautiful friend

Aristoteles schreibt in seiner „Poetik“ unter Punkt 6 folgendes:
"Die Tragödie ist die Nachahmung einer edlen und abgeschlossenen Handlung von einer bestimmten Größe in gewählter Rede ... und daß mit Hilfe von Mitleid und Furcht eine Reinigung ... bewerkstelligt wird ... Das Wichtigste davon ist der Aufbau der Handlungen. Denn die Tragödie ist nicht die Nachahmung von Menschen, sondern von Handlungen und Lebensweisen, von Glück und Unglück ... Darum sind Handlung und Mythos Ziel der Tragödie."

Jim Morrison war nun der erste Rockmusiker (im weitesten Sinne), der eine klassische griechische Tragödie (ebenfalls im weitesten Sinne) als Popsong verkaufte. Er bediente sich hierbei wiederum einer Menge an Zitaten und Einflüssen und schuf daraus etwas gänzlich Neues: Einen offenen Song, dessen Struktur nur am Anfang und am Ende vorgegeben war und der sich erst durch zahlreiche Interpretationen auf der Bühne zu dem Stück entwickelte, das man auf dem Album hören kann. Dabei handelte es sich jedoch auch nur wieder um eine "vorläufig endgültige" Version, denn die Doors versuchten nie, die Albumversion live 1:1 zu reproduzieren, sondern arbeiteten ständigdaran, dem Song neue Dimensionen abzugewinnen. So flocht Jim Morrison beispielsweise im Mittelteil des Songs immer wieder unterschiedliche poetische Rezitationen ein, und es ist bekannt, dass die Doors dieses Stück auf der Bühne mitunter auf 30 bis 40 Minuten ausdehnten. Ein klassisches "work in progress". Es ist ferner erwähnenswert, dass es sich bei diesem Opus Magnum anfangs nur um einen kurzen traurigen Abschiedssong handelte, dessen zwei Strophen die Anfangs- und die Endstrophe der Albumversion darstellen. Doch diesem kurzen, traurigen Song schien eine gewisse Eigendynamik anzuhaften, die ihn durch viele Mutationen schickte und schließlich zu dieser auf dem Album festgehaltenen Version werden ließ. Grundsätzlich besteht dieser Song aus drei Ebenen, wenn man sich zuerst einmal auf die Lyrics von Morrison konzentriert: Die erste Ebene ist der anfangs schon erwähnte Abschiedssong, bei dem Wort "End" noch keine metaphorische Dimension anhaftet. Das Ende einer Liebe. Auf der zweiten Ebene kommen nun all diese Bilder, die scheinbar improvisiert wirken und sowohl von Freudschen Traumsymbolen als auch von der Jungschen Archetypenlehre beeinflusst sind. Auf einer dritten Ebene kommt "König Ödipus" von Sophokles ins Spiel.Er skelettiert dieses sehr komplexe Drama jedoch wieder und greift die Schock-Effekte auf, die ihm am besten zur Umsetzung seiner dramatischen Intention behilflich sind und bietet sie auf seine Art dar (im vollen Bewusstsein damit zu provozieren):

"Father?
Yes, son?
I want to kill you!
Mother, I want to..."

"Vater?
Ja, Sohn?
Ich möchte dich töten!
Mutter, ich möchte dich ..."

Das anschließende "fuck you" wird durch einen eruptiven Schrei artikuliert, der den Gehalt der Worte gleichzeitig verdeckt (phonetisch) und betont (vom Sprechen zum Schreien). Wieder eine großartige Inszenierung. Nach diesem Höhepunkt dann wieder Traumsymbole und schließlich die Schlußstrophe, die Rückkehr zur ersten Ebene. Fall des Helden. "The End" im absolut existentiellen Sinne.
Zu diesen lyrischen Ebenen gesellt sich die musikalische Ebene, die letztlich den in den Lyrics angedeuteten Spannungsmomenten folgt und eine Band präsentiert, die sich durch beinahe traumwandlerisches Zusammenspiel und hohes Kollektiv-Improvisationsvermögen auszeichnet. Man merkt, dass jeder genau dem anderen zuhört. Das hat die Verschmelzung aller bereits erwähnten Elemente zur Folge, die wiederum etwas entstehen lässt, das die Summe der Einzelteile übertrifft. Eine weitere Ebene stellte natürlich immer die theatralische Livedarbietung des Songs dar, bei der sich Jim Morrison stets in der Rolle des klassischen griechischen Helden gefiel, der stellvertretend für alle anderen auf der Bühne leidet, sich windet und mit dem Schicksal hadert, dem er jedoch letztlich nicht entkommen kann und dadurch Mitleid und Furcht erregt. Eine letzte Ebene stellt schließlich die Identifikation des Publikums mit dieser tragischen Gestalt dar, durch den jeder eine innere Reinigung erfährt (Katharsis) und als neuer Mensch von dannen zieht. Anschließend noch ein Zitat des Helden, das uns wieder auf den Boden der Tatsachen zurückführen wird: "Ich hatte immer diese magische Formel, weißt du, um in das Unbewußte, einzubrechen. Ich lag da und sagte immer wieder: "Fick die Mutter, töte den Vater. Fick die Mutter, töte den Vater." Du kannst echt in deinen Kopf reinkommen, wenn du das einfach andauernd wiederholst.
Es nur zu sagen, kann es schon bringen ... Dieses Mantra kann niemals bedeutungslos werden. Es ist zu grundsätzlich und kann niemals zu bloßen Wörtern werden ..."

STRANGE DAYS
the doors

Strange Days
(Oktober 1967)

Strange Days. You're Lost Little Girl. Love Me Two Times. Unhappy Girl. Horse Latitudes. Moonlight Drive. People Are Strange. My Eyes Have Seen You. I Can't See Your Face In My Mind. When The Music's Over.

Die Zeiten waren schnell. Ein halbes Jahr nach dem überragenden Debütalbum folgte schon Album Nummer Zwei, das seinem Vorgänger in nichts nachstand. Allerdings griff die Band primär auf Lieder zurück, die bereits vor der Aufnahme der ersten LP entstanden waren. Die Doors waren jetzt eine der populärsten Bands in ganz Amerika und Morrison neben Jagger, Lennon /McCartney, Hendrix, Dylan und Joplin der Star der Rockszene. Obwohl er den Ruhm genoss, begann er schon zu dieser Zeit, die Maschinerie des Showbusiness mit all ihren Begleiterscheinungen zu hassen. Man sprach nicht mehr von Jim Morrison, dem Rocksänger, sondern von Jim Morrison, dem Sex-Symbol, dem erotischen Politiker und Star mit einer Million skandalöser Geschichten im Gepäck. Das Image entwickelte bereits eine Eigendynamik und die drei anderen Musiker gerieten in den Hintergrund.

STRANGE DAYS
(THE DOORS)

Strange days have found us

Der Titelsong ihres zweiten Studioalbums. Dieser Song ist sowohl in Bezug auf die Lyrics und auf die Musik einer der furchterregendsten Songs der ganzen 60er Jahre. Das Unglaubliche an diesem Song ist, dass er aus dem Jahr 1967 stammt, in dem die ganze Welt vom "Summer of Love" sprach und die ganze (populäre) Kultur um dieses Thema kreiste. Überall war damals nur Optimismus und Kollektiv-Identifikation angesagt. In Monterey fand das erste große Open Air-Festival statt und eine ganze Bewegung glaubte an diesen gemeinsamen Aufbruch (im Zeitalter des

Wassermannes). Diese Form von Realität massakrierten nun die Doors, indem sie von "seltsamen Tagen" sprachen, die da gekommen seien. Und in der Tat sollten sie Recht behalten mit ihrer unheilschwangeren Prophezeiung. Der ganze Hippie- und Flower-Power-Mythos war nämlich schon am Abklingen und machte einer härteren, brutaleren Realität Platz, denn gegen Ende der 60er schien alles umzukippen: Martin Luther King wurde ermordet, Charles Manson, gleichfalls ein Hippie, stiftete seine Untergebenen zu Morden an, in Altamont fand das berüchtigte Open Air statt, bei dem während des Auftrittes der Rolling Stones ein junger Schwarzer von den Hell's Angels, die bei diesem Konzert als Security fungierten, umgebracht wurde. Die ganze Glückseligkeit und naive Heiterkeit wurde von diesen und einer Reihe anderer Ereignisse überschattet. Hier waren sie also, die *Strange Days*. Jim Morrison bezieht in diesem Song konkret Stellung. Seiner Ansicht nach wird es nicht so weitergehen. Diese seltsamen Tage, die da gekommen sind, berauben die Menschen ihrer letzten gelegentlichen Freuden. Alles wird sich ändern, doch niemand merkt es, die Gäste ruhen sich gar noch von ihren Sünden aus. Es ist eine dekadente Welt, ähnlich dem Römischen Reich vor seinem Niedergang.

Dieses prophetische Element erinnert sehr stark an den Song *The Times They Are A Changing* von Bob Dylan, in dem ebenso ein gesellschaftlicher Wandel beschrieben wird. Bei den Doors allerdings klingt diese Vision eines sich vollziehenden Wandels ungemein dunkler und aussichtsloser. Man meint gar, Morrison kündige in diesem Song die Apokalypse an. Es bleibt keinerlei Hoffnung. Verstärkt wird dieser Gesamteindruck noch durch die Stimme von Jim Morrison, die hier mittels elektronischer Manipulation derart verfremdet wurde, dass sie aus einem Geisterreich zu stammen scheint. Selten wurde Elektronik so innovativ eingesetzt. Hier wird sie nicht als Spielerei benutzt, sondern dient dem Ziel, die Aussage des Songs zu untermalen. *Strange Days* ist einer der hoffnungslosesten Songs aller Zeiten. Und die Doors setzten ihn gleich an den Anfang des Albums. Was für ein grausames Willkommen.

YOU'RE LOST, LITTLE GIRL

(THE DOORS)

You're lost, little girl

Nach dem Inferno, das im Eröffnungssong entfaltet wird, begaben sich die Doors wieder ins Zentrum der Stille und intonierten eine wunderbar elegische und wehmütige Ballade. Wie bei *Light My Fire* stammt die Komposition von Robbie Krieger, aber man meint, einen Jim Morrison-Text zu hören. Krieger hat sehr schnell die Fähigkeit entwickelt, Lyrics nach der Schablone seines Leadsängers zu schreiben. Oder das, was er dafür hielt.

Hier handelt es sich um eine weitere Ode an ein Girl, das verloren ist, aber genau weiß, was zu tun ist. Nur ein scheinbares Paradox. Wir erfahren nicht, welche Art von Verlust dem Mädchen widerfährt: Der Verlust der Unschuld? Der Verlust der Naivität? Der Verlust ihrer Seele? Wiederum könnte es sich hier um einen Scherz oder um großes Drama handeln. Die Antwort gibt wieder einmal die Musik, die keinen Zweifel daran lässt, dass es sich um den Verlust der (sexuellen) Unschuld handelt. Morrison klingt hier so, als betrauere er diesen Verlust, ist sich aber gleichzeitig absolut im Klaren darüber, dass er es ist, der diesen Verlust herbeiführen wird. So ist er sich auch sicher, dass das kleine Mädchen ganz genau weiß, was zu tun ist. Diese Sicherheit und Zuversichtlichkeit wird im Chorus des Songs durch den sich steigernden Charakter des Gesangs betont. Und die Musik spielt dazu derart wehmütig, als ginge es darum, eine längst vergessene Ära wieder zu erwecken. Die Ära der Unschuld. Initiation, die gleichzeitig Verlust und Gewinn darstellt.

Es ist übrigens interessant, dass es von dem englischen Dichter William Blake (siehe *End Of The Night* auf *The Doors*) ein Gedicht mit dem Titel „The Little Girl Lost“ gibt. Hat wohl Krieger auf die Empfehlung Morrisons hin auch mal ein bisschen Blake gelesen ...

LOVE ME TWO TIMES

(THE DOORS)

Love mit two times, baby

Ein weiterer Robbie Krieger-Song. Die Doors führten jedoch auf ihren ersten drei Alben immer die ganze Gruppe als Komponisten und Texter an, um sich die Credits genau zu teilen. So erhielt jedes Bandmitglied exakt 25 % der Tantiemen. Eine sehr solidarische Arbeitsweise, die im Musikbusiness der Jetztzeit nicht mehr sehr stark verbreitet ist.

*Love Me Two Time*s war die erste aus *Strange Days* ausgekoppelte Single und ist nach wie vor einer der populärsten Songs der Doors. Die Lyrics sind ein netter Witz, in dem ein Mann seine Geliebte darum bittet, ihn zweimal am Tag zu lieben (einmal für diesen und einmal für den nächsten Tag), da er sowieso weggehe. Dieses "Weggehen" bezog sich laut Robbie Krieger auf den Marschbefehl nach Vietnam. Der wenig originelle lyrische Erguss wird aber von einer solch starken Musik getragen, dass seine mangelnde Qualität nicht mehr im Vordergrund steht. Die Doors beweisen auf dieser Nummer wieder einmal, welch fantastische Musiker sie doch sind und wie leicht es ihnen scheinbar fällt, einen identifizierbaren Klang zu entwickeln, der mit keiner anderen Band zu vergleichen ist. Selbst wenn sie wie hier stinknormalen Blues-Rock spielen, unterscheiden sie sich doch sehr stark von anderen Vertretern dieses Genres. Bei den Doors jener Zeit kommt bei solchen Nummern immer eine gewisse Leichtigkeit und Mühelosigkeit zum Vorschein, ja ein fast naives oder spielerisches Experimentieren mit stark definierten Formen wie der des Blues. Darüber hinaus fielen ihnen bei diesem Song spektakuläre Breaks ein, die sie technisch hervorragend meisterten.

UNHAPPY GIRL

(THE DOORS)

Unhappy girl, left all alone

Auf diesem Album wimmelt es nur so vor Girls. Nach dem *Lost Girl* wird nun das *Unhappy Girl* besungen. Jim Morrison erweist sich bei diesem Beispiel als Meister der leichten Philosophie, die er auf sein "Girl" anwendet. Denn dieses "Girl" hat sich im Laufe der Zeit ein Gefängnis aufgebaut, aus dem sie nun nicht mehr entrinnen kann. Der Sänger möchte sie befreien oder möchte ihr helfen, sich selbst zu befreien. Jim Morrison wieder als derjenige, der verspricht Türen zu öffnen. Diesen Vorgang stellt er jedoch so poetisch dar, dass man ihm jedes Wort glaubt. Bezeichnend ist die Tatsache, dass es sich hier um einen der wenigen einfühlsamen Songs der Doors handelt. Hier wird niemand angegriffen, provoziert oder dunkel gezeichnet. Hier wird nur ganz kurz und knapp das Portrait eben jenes "Girls" präsentiert und Mitleid bekundet. Demgegenüber klingt die Musik beinahe fröhlich und lebenslustig und das "Girl" muss dann wohl auch irgendwann gemerkt haben, dass es sich nicht lohnt, um sich selbst eine Mauer zu errichten, und darum haut sie ganz schnell ab um ein bisschen Spass zu haben (casual joy?) und wir kommen zum nächsten Song.

HORSE LATITUDES

(THE DOORS)

When the still sea conspires an armour

Nein, das ist wohl kein Song im klassischen Sinne. Man könnte vielmehr von einer Lyrik-Rezitation, ja beinahe einer Performance sprechen. Alle im Studio Anwesenden wurden dazu aufgefordert, am Backing-Track mitzuarbeiten. Der Toningenieur Bruce Botnick zum Beispiel ließ ein Tonband rückwärts laufen und manipulierte manuell dessen Geschwindigkeit. Dieses Verfahren generierte einen Klang, der dem gespenstischen Heulen eines Windes ähnelt. Andere an dieser Session beteiligte Personen produzierten ebenfalls ungewöhnliche Klänge, so ließ man zum Beispiel eine Flasche in einen Eimer aus Metall fallen oder zupfte an den Saiten eines Pianos. Die so entstandenen Klänge wurden wiederum elektronisch verfremdet. Anhand solcher Beispiele lässt sich der in dieser Zeit vollzogene Paradigmenwechsel in der Aufnahmetechnik darstellen: Zu den herkömmlichen Instrumenten gesellte sich in jener Zeit nämlich ein weiteres dazu: das Studio. Wurden davor Studios primär dafür eingesetzt, den Klang der Instrumente unverfälscht wiederzugeben, so begnügte man sich fortan an nicht mehr mit dieser konventionellen Methode. Studios wurden vielmehr dazu genutzt, einen neuen und innovativen Sound zu schaffen, der nicht mehr ausschließlich auf den Instrumenten basierte. Alles wurde manipuliert und elektronisch verfremdet. Man arbeitete mit Flanging, Phasing oder größeren Hallräumen oder setzte Verzerrungen auf unkonventionellere Weisen ein und schuf so einen Soundkosmos, der live nicht mehr reproduzierbar war. Als Vorreiter dieser progressiven Aufnahmetechniken gelten die Beatles, deren Track *Tomorrow Never Knows* von ihrem Album *Revolver* (1966) ein Beispiel per excellence ist. Auf der Grundlage von Loops, Geräuschen und Rückwärtsspuren wurde hier ein Klang geschaffen, der allerhöchstens mit Aufnahmen progressiver Elektronik-Pioniere wie Karl-Heinz Stockhausen vergleichbar ist, in der Rockmusik der frühen 60er aber seinesgleichen suchte. Die Beatles revolutionierten die Aufnahmetechnik dann mit ihrem *St. Pepper* noch weiter und viele andere Bands sprangen mühsam auf diesen rasant davoneilenden Zug auf. Eine davon waren die Doors. Aus all den eingangs erwähnten Klangkomponenten schufen diese nun ihren Elektronik-Track *Horse Latitudes*, den man als absolute Avantgarde bezeichnen kann.

Auf diese chaotische und gespenstische Hintergrundmusik schrie Jim Morrison sein Gedicht *Horse Latitudes*, das er schon zu High School-Zeiten geschrieben hatte: "*Horse Latitudes* entstand in der High School. Ich führte eine Menge Notizbücher die High School und das College hindurch, und dann, als ich mit der Schule fertig war, habe ich sie aus irgendeinem dummen Grund - vielleicht war es ja auch gescheit - alle weggeworfen. Es gibt nichts, was ich momentan lieber besässe als diese zwei oder drei verlorenen Notizbücher ... Ich denke, wenn ich sie nicht losgeworden wäre, wäre ich nie frei geworden." (Jim Morrison, 1969)

"Horse Latitudes" bedeutet "Rossbreiten". Als "Rossbreiten" werden die Meeresregionen zwischen dem 25. und 35. nördlichen und südlichen Breitengrad bezeichnet, in denen die Winde stillstehen. Aus diesem Grund waren die Seefahrer gezwungen, zusätzlichen Ballast über Bord zu werfen. Oft mussten dann die Pferde dran glauben ...

Morrison beschreibt in diesem kurzen Text den

Tod der Pferde, die über Bord geworfen wurden, um weitersegeln zu können. Durch die Art und Weise, wie Morrison diese Szenerie darstellt, wird ihr ein surreal-unwirklicher Charakter verliehen. Am Ende des Gedichtes wird die Agonie - der Todeskampf - dieser Tiere beschrieben und Morrison flippt bei seiner Rezitation derart aus, dass den Hörer unweigerlich das Gefühl beschleicht, es hier mit einem Verrückten zu tun zu haben. Authentischer Wahnsinn, dargestellt auf einer Pop-LP. Auch im Jahre 2001 hört sich dieser Track noch so an, als hätten ihn Aliens mitgebracht und für die Doors zur Verfügung gestellt. Keine Hit-Single!

MOONLIGHT DRIVE
(THE DOORS)

Let's swim to the moon, uh huh

Jim Morrison hing im Sommer 1965 sehr viel am Venice Beach herum und soll der Legende nach dort Ray Manzarek getroffen haben, den er noch aus seligen Filmhochschul-Tagen kannte. Sie kamen dann ins Gespräch und irgendwann erreichten sie den Punkt, als Jim seinem Kumpel Ray den Großteil der Lyrics von *Moonlight Drive* vorsang. Manzarek war absolut Feuer und Flamme und erkannte sogleich Morrison's beachtliches lyrisches Talent. Der Legende zufolge soll er sogar bekundet haben, dass es sich um die besten Song-Lyrics handele, die er jemals gehört habe. Beide beschlossen sofort, zusammen eine Rock'n Roll-Band zu gründen und eine Million Dollar zu machen. Ob sich diese Begebenheit nun so oder auf eine andere Weise zugetragen hat, ist irrelevant. Meistens sind die goldenen Mythen schöner als die bleierne Realität. Fakt ist, dass *Moonlight Drive* wirklich eines von Morrison's Meisterwerken ist und auch heute noch keinen Vergleich mit anderen Lyrics zu scheuen braucht. Jim Morrison lädt hier zu einer Mondscheinfahrt der etwas anderen Art ein und findet eine Reihe sehr schöner Metaphern, durch die er das Gefühl der absoluten Freiheit und Grenzenlosigkeit vermittelt: Zum Mond schwimmen, durch die Gezeiten klettern, in den Abend eindringen, sich den wartenden Welten ausliefern. Wie könnte man es schöner sagen? Hier kommt wieder sehr stark die romantische Seite von Jim Morrison zum Vorschein, die so oft

unterschätzt oder in den falschen Kontext gestellt wird. Aber Morrison war ein Romantiker durch und durch. Ein sensibler Mensch mit einer unstillbaren Sehnsucht nach Poesie und Transzendierung durch Sprache. Bekannt ist der Polytoxikomane mit einem ausgeprägten Hang zur Selbstzerstörung. Aber das ist nur eine Seite (die Kehrseite) der gleichen Medaille.
Die Art der Romantik, die hier vorgestellt wird, ist mit der dunklen Romantik eines Edgar Allan Poe vergleichbar, da sie immer von einer starken Todessehnsucht durchzogen wird. Ein jegliches Ding wird anhand seiner Vergänglichkeit reflektiert.
Der Tod ist, wie immer bei Morrison, omnipräsentes Reflexionsparadigma. Und so endet auch diese Mondscheinfahrt im gemeinsamen Ertrinken. Musikalisch stechen der marschartige Rhythmus und die Bottleneck-Gitarre von Robbie Krieger besonders hervor, die etwas sehr Gleitendes an sich hat und daher wunderbar zur Grundaussage des Songs passt. Das langsame Gleiten, schwebend hinein in den Abgrund des Todes.

PEOPLE ARE STRANGE
(THE DOORS)

People are strange when you're a stranger

Ein wunderbar melodischer und eingängiger Song, der zu einem der größten Hits der Doors wurde. Doch auf diese heitere Popmusik legt Morrison einen Text, der überhaupt nichts harmonisches oder eingängiges hat, setzt er sich doch mit einer Form von Paranoia auseinander, die einen überkommt, wenn man ein "Fremder" ist. Das "Fremd-Sein" als bezeichnende Metapher für jemanden wie Morrison, der letztlich eine durch und durch isolierte Kreatur war, die sich überhaupt nichts aus gängigen Lebensidealen wie Wohlstand, Glück und Sicherheit gemacht hat. Als Fremder auf diese Welt geworfen und als Fremder wieder gegangen. Und dazwischen: die Analyse des eigenen Status', des Status' fremd zu sein. Wenig Raum für Hoffnung. Aber auch wenig Raum für Tränen. Und dann sind die Gesichter häßlich und die Frauen schauen bösartig und niemand erinnert sich an deinen Namen. Wenn du fremd bist. Straaaaaaaaaaaaaange.

MY EYES HAVE SEEN YOU

(THE DOORS)

My eyes have seen you

Der Song einer Entlarvung, die musikalisch perfekt umgesetzt wird. Die Strophen haben einen sehr monotonen und abwartenden Charakter. Die Doors spielen hier fast zögerlich mit den Erwartungen des Publikums - um dann immer wieder in herausfordernde Entladungen zu münden. Sie erzeugen durch dieses Stilmittel große Momente der Spannung, auf die Jim Morrison seine Worte setzen kann, die perfekt zur musikalischen Gestaltung passen.

Morrison spielt hier mit typischen Motiven. Das Sehen und das Gesehen Werden. Als ehemaliger Student einer Filmhochschule betrachtet er die Realität immer auch aus dem Blick einer (fiktiven) Kamera heraus und wird so zum Voyeur.

Dieses Sehen und weiter oder tiefer Sehen hat er auch immer wieder in seinen Gedichten artikuliert, die vor allem dadurch starken Einblick in das Seelenleben dieses Mannes gewähren, da sie auf spontanen Assoziationen beruhen, für die kein (Song -) Format gefunden werden musste. So schreibt er in seinem Gedicht "Eyes":

"The impressions are seeing me ...
Ask anyone what sense he would preserve above all others. Most would say sight, forfeiting
a million eyes in the body for two in the skull.
Blind, we could live and possibly discover wisdom ...
The eye is a hungry mouth
That feeds on the world ..."

"Die Eindrücke sehen mich ...
Frage irgendjemand, welchen der Sinne er vor allen anderen erhalten wolle.
Die meisten würden sagen: das Sehen.
Sie würden lieber eine Million Augen
im Körper einbüßen als die zwei im Schädel.
Blind könnten wir leben und vielleicht
Weisheit erlangen ...
Das Auge ist ein hungriger Mund,
der sich von der Welt ernährt."

Ebenfalls verbindet er in seinem langen Prosagedicht "The Lords" Blicke mit dem Phänomen des Tötens:

"The sniper's rifle is an extension of his eye. He kills with injurious vision."

"Das Gewehr des Schützen ist eine Verlängerung seines Auges. Er tötet mit einem bösen Blick."

In dem Song *My Eyes Have Seen You* nun adressiert er eine konkrete Person, eine Frau, die er beobachtet haben will. Von einem oberflächlichen Standpunkt aus hat er sie gesehen, als sie in der Tür stand, und er wollte sie drinnen treffen und mehr von ihr sehen. Das ist alles, was er in der ersten Strophe singt. Kennt man jetzt aber die Mythologie von Jim Morrison und ist dadurch imstande, einzelne Bilder aufzulösen, so erschließt sich wiederum eine zweite Ebene, die sich hinter diesen eigentlich so einfachen Worten verbirgt: Seine Augen haben gesehen und gleichzeitig wurde er dadurch gesehen. Sie stand in einer Tür. Das Wort "door" bedeutet aber immer mehr, es ist immer gleichzusetzen mit dem Schlüssel zum Unbekannten, zu einer anderen Welt, die mit den Sinnen allein nicht begreifbar ist. Diese Welt ist es, in die er eindringen will. Er will die Seele dieser Person er- und begreifen, nun da er "sie" bereits gesehen hat ("Let them photograph your soul" - "Lass sie deine Seele fotografieren") und ihre Hirnwindungen auf einem endlosen Film speichern ("Memorize your alleys on an endless roll"). Jim Morrison verbalisiert sogar in diesem kurzen Lied über das Beobachten die unendlichen Beziehungsgeflechte, die er bei den Termini "Sehen", "Augen", "Seele" und "Film / Filmen" hat. Für ihn sind diese Dinge untrennbar miteinander verwoben.
So entlarvt er immer wieder sich selbst als Voyeur, der in die Welt hinter den Augen des "Opfers" eindringen will und das scheinbare "Opfer" als Hülse, deren eigentliches Selbst (bei Morrison "Soul") bei oberflächlichem Blicke verborgen bleibt. (siehe auch *The Spy* auf *Morrison Hotel*).

I CAN'T SEE YOUR FACE IN MY MIND
(THE DOORS)

I can't see your face in my mind

Ein weiterer Song über das Thema "Sehen". Bei diesem speziellen Song geht es aber darum, dass der Protagonist das Gesicht eines anderen Menschen (hier wieder das Gesicht einer Frau) nicht mehr in seinem Geist sehen, dass er sich nicht mehr an ihr Gesicht erinnern kann. Die Hunde des Karnevals fressen die Linien (des Gesichtes) und das Ross des Wahnsinns schmückt den Himmel. Außerdem sind alle Lügen aufgezehrt und so bleibt nur noch übrig, auf den Abschied voneinander zu warten. Ein sehr sehr trauriges Liebeslied, das bei Morrison aber wiederum mehr bedeutet als bei oberflächlichem Hören ersichtlich wird. Primär ist wichtig, dass das Gesicht der anderen Person aus der Erinnerung verschwunden ist. Es ist aber nicht das Gesicht allein, sondern auch die Maske , die jemand aufsetzt, das heisst die Art und Weise, wie er sich darstellen / präsentieren will. So beschreibt Morrison schon in *The End* den Killer, der sich ein altes Gesicht / eine alte Maske aufsetzt, bevor er zur Tat schreitet:

"He took a face from the ancient gallery..."

"Er nahm ein Gesicht / eine Maske aus der Ahnengalerie"

Das Gesicht / die Maske, die der Killer gewählt hat, ist die des alten Ödipus. Welche Maske die Person in *I Can't See Your Face In My Mind* gewählt hat, ist unklar. Auf jeden Fall wird diese Maske nun langsam von den Hunden des Karnevals verzehrt. Doch wenn jeder Masken trägt, dann ist das ganze Leben ein Karneval; aber wer sind die "dogs"? Morrison hat in Interviews immer wieder betont, wie faszinierend für ihn die Tatsache sei, dass das englische Wort "dog" ("Hund") rückwärts gelesen "God" ("Gott") bedeute und dass ihm dieses Wortspiel immer bewusst sei. Gemeint sind hier demnach die Götter, die über das falsche Treiben der Menschen, dargestellt anhand ihrer Maskenhaftigkeit, wachen. Doch der Protagonist betont, dass er nicht die rechte Lüge finden könne, damit versucht er, sich diesem ganzen Wahnsinn zu entziehen.

Was für ein Liebeslied!
Musikalisch handelt es sich hier um einen der fragilsten Songs der Doors, der ständig in sich zu zerbrechen droht. Musikalische Themen werden vielmehr angedeutet denn ausgespielt und balanzieren ständig am Rande des Zusammenbruches, der absoluten Implosion... hinein in die Seele, die alle Bilder frisst, sobald die Welt zum Karneval verkommen ist.
Betrachten Sie zur Vertiefung dieses Themas bitte auch das Cover des zweiten Doors-Albums. Zierte die erste LP noch eine Großaufnahme der Band, so finden sich hier Gaukler und Spieler; die Doors selbst erscheinen nur noch als Plakat, das einsam an einer Hausmauer klebt. Die Welt als Karneval. Dazwischen kleine Türen.
Morrison's ursprünglicher Cover-Vorschlag war übrigens ein Foto der Band inmitten von Hunden ...

WHEN THE MUSIC'S OVER
(THE DOORS)

When the music's over turn out the lights

Das zweite epische Hauptwerk der Doors, das ähnlich *The End* erst auf der Bühne langsam Form annahm, die aber nie "endgültig" war, sondern auch nach der "Dokumentation" auf LP immer weiter variiert wurde. Musikalisch interessanter und von der Dramaturgie her ausgefeilter als *The End*. Der absolute Doors-Song? Die Doors in ihrer blanken Essenz? Wer weiß?
Es gibt eine Fernsehdokumentation über die 60er Jahre, deren einziger Soundtrack *When The Music's Over* ist. Darin werden in einer langen Passage nur Bilder und Impressionen aus dieser Zeit gezeigt: Der Marsch nach Washington, die Ermordung der Kennedys und Martin Luther Kings, der Vietnamkrieg in all seiner entstellten Grausamkeit, Woodstock und das Hippie-Movement, Altamont, die Black Panthers und vieles mehr. Dazu erklingt When *The Music's Ove*r und die Musik scheint die Bilder auf wunderbare Art und Weise zu inter-

pretieren. Oder andersherum. Der Song stellt eine geballte Ladung Kraft dar, er ist ein unheimlicher Aufschrei, der die ganze Tragödie dieses bewegten Jahrzehnts widerzuspiegeln scheint. Es ist der politischste unpolitische Song. Es wird hier kein dediziertes politisches Programm verfasst und keine Revolte propagiert. Es handelt sich um eine andere Art von Politik. Jim Morrison: "Ich glaube, dass jede Generation mit der Vergangenheit brechen muß, um sich ihres Selbstbewußtseins als humane Wesen zu versichern. Es ist offensichtlich, daß die Kids, die jetzt nachkommen, nicht viel mit dem zu tun haben werden, was wir fühlen. Sie werden ihren eigenen, einzigartigen Sound erfinden. Sachen wie Kriege und Finanz-Zyklen spielen auch eine Rolle. Rock'n Roll könnte man möglicherweise erklären durch ... es war nach dem Ende des Korea-Krieges ... und es gab eine psychische Reinigung. Es schien die Notwendigkeit einer untergründigen Explosion zu geben. Vielleicht also, wenn der Vietnam-Krieg vorbei ist - es wird möglicherweise ein paar Jahre dauern; schwer zu sagen - aber es ist möglich, daß das Töten in ein paar Jahren aufhört, und dann wird es wieder ein Bedürfnis geben für eine Lebenskraft, sich auszudrücken, sich zu bestätigen."

Jim Morrison hatte sich nie als Anführer einer Masse gesehen, geschweige denn als politische Figur. Ihm war jegliche Politik verhasst, da es sich seiner Meinung nach dabei nur um das Machtstreben von Individuen handele. Darüber hinaus war er ein entschiedener Feind von Kollektivbewegungen, da er ein entschiedener Verfechter der individuellen Selbstverwirklichung war. Daraus geht hervor, dass es ihm nie daran lag, politische Slogans zu kreieren. Dennoch finden sich in *When The Music's Over* einige Sätze, die zu Slogans wurden, wenn auch wiederum nicht im ausdrücklich politischen Sinne:

"Music is your only friend until the end"

"Bis zum Ende ist die Musik dein einziger Freund"

oder:

"We're getting tired of hanging around
waiting around with our heads to the ground"

"Uns kotzt es langsam an mit gesenkten

Köpfen herumzuhängen"

oder:

"Save us! Jesus!"

"Rette uns! Jesus!"

und vor und über allem anderen:

"We want the world and we want it NOW!"

"Wir wollen die Welt und wir wollen sie jetzt!"

Diese Sätze lesen sich nichtssagend bis dämlich, aber wenn man sie in voller Theatralik und Pracht aus dem Munde eines Jim Morrison hört, dann entfalten sie eine ganz andere Wirkung.
Die Art und Weise, wie die Doors die Musik verstummen lassen, bis nur noch ein monotones musikalisches Flüstern bleibt, und die Art und Weise, wie Morrison in dieses Flüstern hinein sein "We want the world and we want it now!" intoniert, wiederholt, das "Now?" nochmals als Frage stellt und dann eben jenes "NOW!!!" mit einem markerschütternden Schrei "antwortet" und wie dann im gleichen Moment ein Sturzbach an Kakophonie über den Hörer hereinbricht und sich alles in Lärm, Chaos und Unordnung aufzulösen scheint, das ist eine absolute Meisterleistung.
Natürlich sahen viele Hörer darin einen Aufruf zu Gewalt, Revolution und Protest und natürlich erkannten viele eben in jenem Jim Morrison den Rädelsführer jener guerrillaartigen Schattenarmee, der sie sich anschließen wollten. Und weil das ganze noch mit Musik verknüpft war und weil jener Morrison auch noch davon gesungen hatte, dass die Musik der einzige Freund bis zum Ende sei und dass diese Musik irgendwann verstummen würde, konnten sich noch mehr Menschen mit jener "Leitfigur" identifizieren, die da oben eine Form von Wahrheit verkündete, welche viele in dieser Ausprägung noch nicht wahrgenommen hatten. Und wahrlich hatte selten jemals ein Song dieses "Aufrührerische", dieses Vermitteln eines unerhörten Energieschubes. Was immer auch diese Welt ist, die man im jetzigen Moment will. Turn out the Lights!

THE
WAITING FOR THE SUN

Waiting For The Sun
(Juli 1968)

Hello, I Love You. Love Street. Not To Touch The Earth. Summer´s Almost Gone. Wintertime Love. The Unknown Soldier. Spanish Caravan. My Wild Love. We Could Be So Good Together. Yes, The River Knows. Five To One.

Es ist erstaunlich, unter welch schwierigen Umständen es die Doors doch wieder schafften, eine sehr gute LP zu produzieren, die insgesamt sogar um vieles leichter und unbeschwerter klang als die beiden Vorgänger. Gerüchten zufolge soll bei den Sessions die Zusammenarbeit mit Jim Morrison beinahe unmöglich geworden sein und die Band kurz vor dem Zusammenbruch gestanden haben. Jim Morrison hatte sich sowieso nie besonders für lange Aufnahme-Sessions interessiert und war oft nur erschienen, um seine Vocals einzusingen. Bei diesen Sessions aber tauchte er sehr oft in volltrunkenem Zustand auf und sabotierte jegliche vernünftige Zusammenarbeit. Ray Manzarek schildert dieses Problem in folgenden Worten:

Waiting For The Sun was a low point. Jim had really hit the bottle and was firmly in grips of alcoholism, although we didn't understand it at the time. Not that Jim hadn't been drinking before, but this was taken to a whole new level. This was no longer a young man's drinking. It was a full man's alcohol abuse."

Waiting For The Sun war ein Tiefpunkt. Jim hing jetzt wirklich an der Flasche und war bereits ein starker Alkoholiker, obwohl wir das zu dieser Zeit noch nicht verstanden. Nicht dass Jim nicht auch schon vorher getrunken hätte, aber jetzt begab er sich auf ein ganz anderes Level. Dies war nicht mehr das Trinken eines jungen Mannes. Es handelte sich um den Alkoholmissbrauch eines Erwachsenen.“

Morrison schleppte andauernd irgendwelche Leute mit ins Studio, die ebenfalls so betrunken waren wie er selbst, immer wieder randa-

lierten und so den ganzen Aufnahmeprozess behinderten. Hatte Jim Morrison in den Jahren vorher auch viele Drogen konsumiert und dazu Alkohol getrunken, so war er jetzt hundertprozentiger Alkoholiker und sollte dies bis zu seinem Tode bleiben. Er begann langsam dicker zu werden und an seinem Image als Sex-Symbol zu kratzen.
Es sollte nicht lange dauern, bis ihm auch seine engen schwarzen Lederhosen nicht mehr passten, und dann sollte es nur noch eine kleine Weile dauern, bis ihm das alles total egal war und er sich seinem vermeintlichen Schicksal ergab. Diesem unaufhaltsamen Abstieg schauten seine Freunde und Bandmitglieder fassungslos zu und waren außerstande, irgendetwas zu tun.

HELLO, I LOVE YOU
(THE DOORS)

Hello, I love you want you tell me your name?

Unter diesen Umständen überrascht es stark, dass den Doors mit *Hello, I Love You* eine so leichtfüßige und lockere Pop-Single gelang, die vor allem durch ihren Sound besticht, der von einem Riff getragen wird, das für die Doors untypisch ist und das Robbie Krieger seinem eigenen Bekunden nach von *Sunshine Of Your Love* von Cream "abgeleitet" hatte, das jedoch allgemein als Kinks-Plagiat von *All Day And All Of The Night* gilt. Auf diesem Track finden sich auch nette Verzerrereffekte, die ihn davor bewahren, vollends ins Belanglose abzudriften, da sie die gefällige Melodieführung ein wenig aufrauhen und der Süßlichkeit ein wenig die fahle Politur rauben. Textlich stellt dieses Lied eine Hymne an eine Superfrau dar, unter der sich sogar der Gehweg krümmt wie ein Hund, der um etwas Süßes bettelt. Diese Superfrau treibt den Sänger zu Superlativen. Er balzt, schnurrt und faucht vor allem gen Ende des Songs, dass es eine Freude ist.

LOVE STREET
(THE DOORS)

She lives on love street

Eine weitere Ode an eine Frau, dieses Mal mit ziemlicher Sicherheit an Pamela Courson, Morrison's Lebensgefährtin, mit der er sich auch einst eine Wohnung geteilt hatte, eben jene Wohnung in der "Love Street".
Love Street ist ein Meisterwerk der Kombination von positiven Emotionen mit der Melancholie. Es ist simultan ein Hohelied auf die Liebe und ein Schwanengesang. Morrison präsentiert hier wiederum das Bild einer Frau, die erhaben ist, die über den Dingen steht und um die sich die ganze Welt dreht. So besitzt sie Weisheit, weiß immer was zu tun ist und es scharen sich sogar falsche Lakaien um sie. Die Lyrics scheinen sehr von Bob Dylan beeinflusst, der auf seinem 1965er Album *Bringing It All Back Home* vor allem in den beiden Songs *She Belongs To Me* und *Love Minus Zero / No Limit* bereits solche Darstellungen von Frauen gebracht hatte, die sich von gängigen Portraitierungen in der Rockmusik gänzlich unterschieden. Auch hier handelte es sich um Frauen, die über jeden Zweifel erhaben sind, die über den Dingen stehen und niemals fallen können, da sie nicht zurückschauen; die niemals jemanden verurteilen und nichts beurteilen, da sie das nicht mehr nötig haben.
So ähnlich funktioniert auch *Love Street* und Morrison war schon immer ein Meister darin, sich das Gedankengut eines anderen oder auch nur dessen Darstellungsweise anzueignen. Im Gegensatz zu den überschwenglichen Hymnen eines Bob Dylan lässt sich bei Morrison jedoch noch immer ein leichtes Zögern erkennen. Er wirft sich nicht mit Leib und Seele in Beziehungen, da er nicht an eine dauerhafte Harmonie glaubt. So singt er dann auch am Ende des Songs ein paar Worte, die letztlich den ganzen Gestus des Songs verändern:

"I guess I like it fine
So far..."

"Ich glaube, es gefällt mir ganz gut
Bis jetzt..."

Dieses "so far" impliziert all die Zögerlichkeit, all die Vorsicht und gleichzeitig auch Angst,

einer anderen Person absolut vertrauen zu wollen.
So führten Jim Morrison und Pamela Courson eine sehr stürmische Beziehung, die von heftigen Auseinandersetzungen und vielen Eifersuchtsszenen begleitet war. Beide hatten während dieser Zeit unzählige Affären und Abenteuer, fanden aber dennoch immer wieder zueinander zurück. Pamela Courson war dann auch die Alleinerbin von Morrison's Vermögen, von dem sie aber nicht viel sah, da sie ihm bereits drei Jahre später durch eine Überdosis Heroin in den Tod folgte (siehe auch *Blue Sunday* und *Queen Of The Highway* auf *Morrison Hotel*).

NOT TO TOUCH THE EARTH

(THE DOORS)

Not to touch the earth

Ein Ausschnitt aus der sehr umfangreichen und epischen Komposition *The Celebration Of The Lizard*, die ursprünglich die gesamte zweite Seite von *Waiting For The Sun* einnehmen sollte (siehe *The Celebration Of The Lizard* auf *Absolutely Live*).
Dieser Plan wurde jedoch nach mehreren Anläufen im Studio fallengelassen und man kam überein, nur diesen kurzen Ausschnitt auf das Album zu nehmen und den verbleibenden Raum mit anderen Songs aufzufüllen.
Not To Touch The Earth als isolierter Song weist starke Züge von Paranoia auf und die musikalische Umsetzung funktioniert hier wiederum hervorragend. Die Doors integrieren eine Vielzahl an Dissonanzen und Soundclustern in den Rahmen eines Popsongs und bewegen sich somit wieder auf avantgardistischem Terrain. Darüber hinaus ist dieser Song stark klimaktisch strukturiert, das heißt er eilt während seiner ganzen Dauer einem unbestimm-

ten Ziel entgegen, einem Höhepunkt, den man gemeinsam erreichen will. Als dieser Höhepunkt nun erreicht wird, fällt alles in sich zusammen und ein Jim Morrison, der wieder so klingt, als würde er von unsichtbaren Armeen von Dämonen aufs Äußerste gepeinigt, stöhnt in diesen sonischen Zusammenbruch den Satz, der ihm später zum Verhängnis werden sollte:

"I am the Lizard King
I can do anything ..."

"Ich bin der Eidechsenkönig
Ich kann alles ..."

Danach ein kurzer Schlag, ein letzter Donner und der ganze Spuk scheint vorbei.
Not To Touch The Earth hat wieder dieses Aufrührerische, dieses revolutionäre Element, das die Doors so einzigartig machte. Es gibt hier keine politische Aussage, aber dennoch entsteht der Eindruck eines politischen Songs, der die ganze Paranoia der 60er reflektiert und wie *When The Music's Over* einen gesellschaftlichen Umbruch verheißt, der sich jenseits von Theorien vollziehen sollte. Dass dies alles letztlich nur eine Illusion ist, bleibt klar, da es sich hier um ein Produkt, um eine Pop-LP handelt, die von großen Firmen vertrieben wird und die genau das Gegenteil einer Revolution darstellt: eine weitere Stütze des Kapitalismus. Und dennoch glaubte man in den 60ern (lange vor MTV und Internet) noch an die reinigende Kraft dieser Musik, lange bevor sämtliche Rockmusik zu einem immer größer werdenden Partikel einer gigantischen Unterhaltungsindustrie mutierte und ihren Platz neben Coca Cola und Micky Maus fand.

SUMMER'S ALMOST GONE
(THE DOORS)

Summer's almost gone

Ein weiterer Schwanengesang. Der goldene Sommer, der beinahe vorbei ist. Nach einem ruhigen und ahnungslosen Morgen kam der goldene Nachmittag und die schöne schwarze Nacht, in der man im lachenden Meer schwimmen konnte (another *Moonlight Drive*?).
Doch dies alles ist schon fast vorüber, der Win-

ter hat sich angekündigt und es gibt kein Zurück mehr.
Hört man diesen wehmütigen und sehnsuchtsvollen Song, so entstehen vielerlei Bilder. Auf einer ersten Ebene handelt es sich um einen traurigen Abschiedssong an einen schönen Sommer. Auf einer zweiten Ebene jedoch wird hier der Schwanengesang auf den "Summer of Love 1967" dargeboten, jenem Sommer, der so glückselig war und die (Gegen-) Kultur weiter zusammenwachsen ließ. Doch alles war nur eine Illusion, denn dieser Sommer ist vorbei. In Vietnam wurde der Truppeneinsatz der Amerikaner verstärkt und täglich wurde man via TV Zeuge dieses unsinnigen und kaputten Krieges. *Summer's Almost Gone*, ein letzter Seufzer, eine Trauerrede an das "Age Of Aquarius", eine letzte Träne für eine heitere und naive Zeit, die sich selbst ihrer Unschuld beraubt hat.

WINTERTIME LOVE

(THE DOORS)

Wintertime winds blow cold this season

Das Sequel zu *Summer's Almost Gone*. Der Sommer ist nun vorüber und der Winter ist da, und es ist so schrecklich kalt, dass man jemanden braucht, an dem man sich wärmen kann. Dieser Sehnsucht werden hier Worte verliehen, die schön poetisch klingen und an denen sich so mancher laben kann, der den kalten Winter alleine überstehen muss.
Musikalisch sehr europäisch, elegisch und ebenfalls voller (ungestillter) Sehnsucht.
Dennoch: *Waiting For The Sun* ist die erste Doors-LP, auf der manche Songs nichtssagend wirken. All die großen Dramen, die auf den ersten beiden Alben so schillernd aufgeführt wurden, scheinen schon fast verbraucht zu sein. Es befinden sich viele wunderschöne Songs auf dem Album, dennoch konnten sich die Doors von diesem Zeitpunkt ab nicht mehr großartig weiterentwickeln und legten erst wieder mit *L.A. Woman* ein Werk vor, das den Vergleich mit den ersten beiden Alben nicht zu scheuen

braucht. *Waiting For The Sun* ist dennoch eine sehr gute LP, wenn man sie mit den Werken anderer Künstler vergleicht. Eine typische Übergangs-LP einer Gruppe auf der Suche nach neuen Perspektiven oder einem Paradigmenwechsel. Und doch haben Songs wie *Wintertime Love*, *My Wild Love* oder *We Could Be So Good Together* etwas Skizzenhaftes, Unfertiges. Den traurigen Charakter von Füllmaterial. Auf einem Album, das sowieso nur knapp eine halbe Stunde dauert.

THE UNKNOWN SOLDIER
(THE DOORS)

Wait until the war is over

Der politischste Song der Doors, da hier wirklich eindeutige Kommentare zum Vietnam-Krieg gegeben werden. Von seiner Struktur her nicht linear und wieder dramaturgisch sehr clever aufgebaut. Jim Morrison zelebriert hier ein Requiem auf den unbekannten Soldaten, den Archetypus aller gefallenen Soldaten. Der Song wird durch Orgel-Cluster eröffnet, auf die Morrison seinen heftigst lamentierenden Gesang legt. Dann setzt die Band ein und wir hören die Strophe, in der der Vietnamkrieg als erster Fernsehkrieg in der Geschichte der Menschheit gewürdigt wird. Nie zuvor wurden diese Bilder der Grausamkeit so vielen Menschen weltweit übertragen. Sogar die Kinder wurden beim Frühstücksfernsehen damit konfrontiert. Durch diese mediale Omnipräsenz wurden die Grenzen zwischen Realität und Fiktion vermischt. Denn letztlich spielt sich für den Betrachter dieses Szenario doch nur auf der Mattscheibe ab und da spielt sich noch so viel anderes ab, so dass oben genannte Grenzen langsam semipermeabel werden. Und dies weit vor der Zeit des Internets oder einer Vorstellung von virtueller Wirklichkeit. Jim Morrison besingt diese auch auf den Fernsehschirmen der Nation ausgefochtene Perversion:

"Breakfast where the news is read
Television children feed
Unborn living, living dead
Bullet strikes the helmet's head"

"Die Nachrichten werden beim Frühstück gelesen

DANGER

Die Fernsehkinder werden gefüttert
Ungeborenes Leben, lebende Tote
Die Kugel trifft den Soldaten"

Dann wird die Musik unterbrochen und wir werden Zeugen einer Exekutionsszene, die hier onomatopoetisch (= lautmalerisch) dargestellt wird. Ein Trommelwirbel, dann fällt ein Schuss und der Soldat ist tot. Aus dieser Exekutionsszene heraus erhebt sich wieder ein lamentierender Gesang, der den toten Soldaten beklagt und dann setzt die Band mit voller Kraft ein und Morrison schreit, als gelte es, das Schicksal dieses unbekannten Soldaten in alle Welt hinaus zu posaunen und jedem begreiflich zu machen, was für ein sinnloser Mord hier begangen wurde. Für den unbekannten Soldaten ist der Krieg nun vorbei, aber in der Realität setzt er sich unendlich fort und auch wenn er dort nicht mehr stattfindet, wird er immer noch weiter in den Köpfen der Menschen herumspuken. Ein absolut vernichtender Antikriegssong, so wie er nur in den 60ern geschaffen werden konnte. Die Exekutionsszene driftet zwar hart an der Geschmacklosigkeit vorbei, passt jedoch sehr gut in den Kontext des Songs, mit dem die Doors wiederum provozieren und auch schockieren wollten.

Verstärkt wird diese Vermutung durch die Tatsache, dass zu eben diesem Song ein Promotion-Clip gedreht wurde, eine Art vorsintflutliches Musikvideo. Auf diesem Clip wird Jim Morrison hingerichtet. Er spielt die Rolle des unbekannten Soldaten, der exekutiert wird. Dies alles ist dann ziemlich geschmacklos, auch die Verbindung einer Erlöser-Mythologie mit einem gefallenen Soldaten und ein Rockstar, der hier den Märtyrer spielt, tragen nicht sonderlich dazu bei, den Gesamteindruck zu fördern. Waren *The End* und *When The Music's Over* noch kleine Dramen, die für die Rockmusik innovativ waren, so wird auf *The Unknown Soldier* mit relativ billigen Tricks gearbeitet, die besonders eines Jim Morrison eigentlich unwürdig sind.

Bei Livekonzerten wurde oben genannte Erschießungsszene denn auch immer mit höchster Theatralik dargeboten. Robbie Krieger richtete seine Gitarre wie ein Maschinengewehr auf Morrison und "erschoss" diesen, der sich wiederum als Toter auf den Boden fallen ließ und die Zuschauer dadurch erregte, dass er oft minutenlang nicht mehr hochkam.

Wahrscheinlich machten Jim Morrison solche

Kabinettstückchen zu jener Zeit Spaß, da seine Verachtung dem Publikum gegenüber stärker zunahm und er sich auf der Bühne alles erlaubte, was ihm in den Sinn kam, ohne noch dem Kontext des Songs dienen zu wollen. Doch daraus erwuchsen langsam jene Parodien, zu denen seine Auftritte gegen Ende hin immer mehr wurden, und dahinter verbarg sich ein Clown, der selbst nicht lachen konnte und sich dieser Rolle auch nicht voll und ganz bewusst war, da es jetzt für ihn zur Norm wurde, auch bei Liveauftritten stark alkoholisiert vor das Publikum zu treten.

Eine andere Art und Weise, dieses Verhalten verstehen zu können, ist in diesem Falle aber auch der autobiographische Aspekt. Morrison hasste seinen Vater, den großen Marineadmiral, der zeitweise 3.000 Soldaten befehligte und immer der Ansicht war, etwas Außerordentliches für sein Vaterland geleistet zu haben. Der Prototyp eines Patrioten, der auch 1945 niemals den Abwurf der Atombomben auf Hiroshima und Nagasaki in Frage gestellt hatte. Durch die strengen Umgangsformen im Hause Morrison entwickelte Jim seinen sehr stark ausgeprägten antiautoritären Ansatz, der ihn Zeit seines Lebens nie losließ. Er stellte jegliche Form von Autorität in Frage und betrachtete es stets als Sinn, Ziel und Zweck seines Daseins, blinde Autoritätshörigkeit zu zerstören, wie immer diese "Zerstörung" auch geartet gewesen sein mochte. Sein Vater war genau der Archetypus all dessen, was ihm zuwider war und wogegen er rebellierte. So wurde er bei einem Besuch bei seinem Vater auf einem Flugzeugträger von diesem dazu gezwungen, sich erstens sein Haar rasieren zu lassen und zweitens mit einem Gewehr auf Zielbojen im Ozean zu schießen. Diese Erfahrung war für ihn wiederum traumatisch. Vermutlich sah er sich immer in der Rolle des Opfers von Männern wie seinem Vater. Morrison senior als Archetypus des Täters und Morrison junior als Archetypus des Opfers, der bei *The Unknown Soldier* immer wieder aufs Neue von dem Täter exekutiert wird.

So bleibt es weiterhin ein billiger Effekt, der jedoch durch persönliche Traumata an Bedeutung gewinnt und dadurch vertretbarer wird. Anhand dieser Fakten wird sehr viel über die Verletzlichkeit eines Jim Morrison deutlich, jener Seite seines Selbst, die er durch geschickte Imagemanipulation glänzend zu überdecken verstand.

SPANISH CARAVAN
(THE DOORS)

Carry me, caravan, take me away

Musikalisch eines der Highlights im Doors-Katalog. Der Star dieses Songs heißt Robbie Krieger, der hier mit innovativer Gitarrenarbeit glänzt, die auf unerhörte Weise Flamenco mit Rock verbindet. Er startet mit der akustischen Gitarre, auf der er einige Passagen der *Suite Espanol* von Isaac Albeniz intoniert. Etwas Derartiges hatte vorher noch kein Rockgitarrist gemacht. Er lässt es aber nicht damit bewenden, sondern steigert den Überraschungseffekt, indem er in der zweiten Strophe diese spanischen Motive elektrifiziert und dadurch in die Moderne transferiert. Dies verleiht dem Song schon von Anfang an eine Aura des Besonderen, die während seiner ganzen Dauer aufrechterhalten wird. Ferner erweisen sich die Doors hier als Meister im Aufbauen von Spannung, die durch den zusätzlichen Einsatz eines Vibraphons ins Unermessliche gesteigert wird. Selten gelang es einer Band, in wenigen Minuten einen derart abwechslungsreichen, spannungsgeladenen und dennoch homogenen Track auf Tape zu bannen.

In den Lyrics wird eine spanische Karawane besungen, mit der der Protagonist mitziehen will und die ihn an das Ziel seiner Wünsche, einen imaginierten Ort, bringen solle. Auf dem Weg dorthin trifft er auf spanische Galeonen, die ziellos im Meer umhertreiben, ähnlich denen, die in *Horse Latitudes* Pferde von Bord werfen mussten, um weitersegeln zu können. Das ziellos im Meer treibende Schiff, das immer wieder neuen Widrigkeiten ausgesetzt ist und vielerlei Odysseen durchlaufen muss, um schließlich in den (heimatlichen) Hafen zurückkehren zu können. Eine immer wieder gerne benutzte Metapher für die menschliche Existenz, im Speziellen solche Existenzen, die den Glauben an einen wie auch immer gearteten Halt vollends verloren haben, siehe J. D. Morrison.

MY WILD LOVE
(THE DOORS)

My wild love went riding

Ein klassisches Beispiel für einen Song, dessen einzige Prädestination darin liegt, eine LP-Seite zu füllen. Nun ja, das 24-minütige *The Celebration Of The Lizard* wurde ja bekannterweise gedroppt und so mussten halt im Studio noch ein paar Songs her, so auf die Schnelle. Man hatte ja auch keine großen musikalischen Motive mehr parat und so einigte man sich darauf, kurz mal einen a-capella-Track in den musikalischen Gemischtwarenladen einzustreuen, den man mit ein bisschen Tambourine unterlegt und schon hat man alles, was das Hippieherz begehrt: ein bisschen simulierte Trance-Stimmung mit schön vorgetäuschten Ekstaseelementen, die einen dazu bringt, schnell mal nackt ums Feuer zu tanzen und auf das Erscheinen des Schamanen zu warten. The Doors at their Worst!

Dazu improvisiert Morrison ein bisschen über seine wilde Liebe, die dahin und dorthin wandert, unterwegs sogar auf den Teufel trifft und weiter wandert, bis der "Song" schließlich vorbei ist.

Eine nette bekiffte Session im Studio, die man jedoch im Kontext eines Albums nicht so ernst nehmen sollte.

WE COULD BE SO GOOD TOGETHER
(THE DOORS)

We could be so good together

Das nächste Füllmaterial, zumindest von der musikalischen Seite her. Der Sound ist dumpf und monoton und entbehrt ein zündendes musikalisches Motiv. Alles wird umspielt, ohne dem Song eine Art von Fokus zu verleihen.

Textlich zwar nicht mehr als eine Pflichtübung für Morrison, bei der er mit wohlvertrauten Motiven spielt, Bekanntes geschickt variiert und dabei etwas ganz Nettes entstehen lässt. Doch eine Morrison-Pflichtübung ist bekannterweise immer noch besser und interessanter als das Gros anderer Rock-Lyrics.

So wird hier jemand besungen, der gut zum

Protagonisten passen würde. Dieser dreht dann die Aussage komplett um, indem er darauf hinweist, dass er sowieso nur lauter Lügen erzähle. Die Lüge, ebenfalls ein immerwährendes Motiv im Hause Morrison. Die Lüge möglicherweise auch als Tür, hinter der sich eine andere, reinere Form von Wahrheit verbirgt.
Der heilige Lügner. Im Folgenden wieder Konzentration auf gelebten Hedonismus, denn die Zeit, die man verplempert, wird vom Vergnügen subtrahiert. Grundaussage des Songs in wenigen Worten: Wenn du auf der Suche nach Vergnügen bist, dann ist jeder Weg recht, um dorthin zu gelangen. Vergnügen und vor allem auch Lust stehen über allen anderen Werten.
So ist Lüge die eigentliche Wahrheit, wenn sie zum höchsten aller Werte, der Lust, verhilft. Denn Wahrheit ist abstrakt, Lust konkret.
Der Marquis de Sade hätte seine helle Freude an diesen Lyrics gehabt, entsprechen sie doch in weiten Teilen seiner (gelebten oder ungelebten) Philosophie / Weltanschauung.

YES, THE RIVER KNOWS

(THE DOORS)

Please believe me

Morrison war besessen vom Element des Wassers. Das Wasser, Urquell allen Lebens. Es taucht in unzähligen Songtexten (wie *Horse Latitudes, Moonlight Drive, Summer's Almost Gone, The Soft Parade, Ship Of Fools, Hyacinth House*) und Gedichten auf. So lautet ein Titel eines frühen Gedichtes *Water Dry* und in einem anderen, *Ode To L.A., While Thinking Of Brian Jones, Deceased* vergleicht er den im Jahre 1969 ertrunkenen Rolling Stones-Gitarristen Brian Jones mit der Shakespeare-Figur Hamlet und erwähnt gleichzeitig dessen Geliebte Ophelia, die in dem Drama ebenfalls ins Wasser geht. Wasser und Wasserleichen überall. Gleichzeitig nimmt er durch diese allzu häufige Verwendung der Metapher des Wassers seinen eigenen Tod vorweg, der sich ja vermutlich in der Badewanne vollzogen hat.
Wasser besitzt für Morrison immer zwei Grundfunktionen, die er niemals isoliert voneinander betrachten kann:

1. Das Wasser als reinigende Kraft, als Quell des Lebens; das Wasser, durch das man getauft wird und durch das man seine Hände von seinen Sünden reinwaschen kann. Wasser im lebensbejahenden, beinahe biblischen Sinne.

2. Wasser als destruktive Kraft, die den Menschen vernichtet und die ihn in gefährliche Situationen bringt, Wasser als die Kraft, die immer stärker ist als die des Menschen und seine Überheblichkeit (Hybris) bezwingt.

Für Morrison waren diese beiden Motive untrennbar miteinander verbunden und er erlag diesem im Wasser symbolisierten Dualismus aus konstruktiver und absolut destruktiver Kraft immer wieder.
In *Yes, The River Knows* wird der Fluss personifiziert als der, der mit dem Protagonisten spricht und der ihn versteht. Offensichtlich will dieser einen Selbstmord verüben, der gleichzeitig etwas Kultisches in sich birgt:

"I promised I would drown myself in mystic heated wine."

"Ich gelobte mich zu ertränken in geheimnisvoll erhitztem Wein"

Immer wieder ertränken, ertrinken, das Leben endgültig besiegen. Wein, der mit Blut gleichzusetzen ist und den Charakter einer Opferhandlung impliziert. Dieser Tod (durch Wasser, mystisch erhitztem Wein) wird jedoch nicht als negativ oder destruktiv dargestellt, sondern als romantischer Ausweg, der in eine innige Eintracht mit dem Fluss, dem Wasser mündet. Zurück zum Quell des Lebens. Tod als Entgrenzung, Tod als Befreiung.
Jim Morrison hat diese Art von Todestrieb, die ihm sicherlich zu eigen war, selten so kurz und prägnant auf den Punkt gebracht wie in diesen Lyrics. Hier spricht nicht jemand, der an der Welt verzweifelt, hier spricht jemand, der diesen Punkt schon längst überwunden hat und, na ja, einfach durchbrechen will zur anderen Seite. Die Doors schaffen einen wunderbaren Soundtrack zu dieser "Todesphantasie", der gleichzeitig zerbrechlich und lyrisch klingt und die Worte Morrisons perfekt pointiert. Es gibt hier keine Disharmonien oder Lärmeruptionen. Die Musik ist ätherisch, alles klingt wie ein Gleiten oder Fließen, langsam langsam hinab zum "ancient lake" (siehe *The End*).

FIVE TO ONE

(THE DOORS)

Five to one, baby, one in five

Der "Power To The People!"-Song der Doors. Es gibt vielerlei Spekulationen darüber, was dieses 5 : 1 im Titel zu bedeuten hat. Eine Theorie besagt, dass es sich um das Verhältnis der Jungen zu den Alten handele, was ja faktisch so nicht ganz richtig sein kann, obwohl Jim Morrison auch im Text dieses Verhältnis erwähnt:

"The old get old and the young get stronger
They got the guns but we got the numbers"

"Die Alten werden alt, und die Jungen werden stärker
Sie haben die Gewehre, aber wir sind die Masse"

Eine andere Theorie besagt, es handele sich hier um die Relation zwischen Schwarzen und Weißen in Nordamerika.
Andere Leute glauben wiederum, es handele sich um das Verhältnis zwischen der kiffenden und nicht-kiffenden Bevölkerung von Los Angeles.
Eine politische Geste war Ende der 60er die sozialistische Solidaritäts-Faust, die aus fünf Fingern gebildet wurde.
Müßig zu erwähnen, was sich noch andere Denker zu diesem Zahlenverhältnis ausgedacht haben; prinzipiell kann es alles sein, aber das wissen ja die Numerologen besser und schließlich besteht der Song ja nicht nur aus Zahlen (was allerdings auch keine schlechte Idee gewesen wäre).
Hier werden die Massen ein letztes Mal zur Versammlung gerufen, denn bei Morrison geht es immer um die letzten Dinge.
Um was für eine Versammlung es sich dabei handelt, bleibt allerdings offen. Die letzte, die finale Versammlung? Das letzte Abendmahl? Alles, was wir wissen ist, dass die Tage zum Tanzen (auf dem Vulkan?) vorüber sind und dass sich die Nacht über unsere Häupter senken wird. Also, noch einmal zusammenkommen, die Überzahl demonstrieren! Auf, auf! Morrison ruft euch! Aber nicht, ihm zu folgen. Denn dann wird er euch hassen, ihr, die ihr mit einer Blume in der Hand herumläuft, ihr

Flower-Power-Freaks, die ihr euch beklagt, dass niemand etwas versteht. Denn ihr seid die Letzten, die etwas begriffen haben. Nicht lamentieren, sondern auf, hinaus, denn lebendig kommt hier sowieso keiner raus. (Ein weiterer Morrison-Slogan, der in die Geschichte eingegangen ist: "No one here gets out alive.")

Musikalisch basiert der Song auf dem simpelsten Beat, den John Densmore seinem eigenen Bekunden nach in seinem Repertoire hatte. Darauf baut ein Song auf, der wieder dieses Rebellische und Aufrührerische beschwört, in dem Jim Morrison ein weiteres Mal wie der große aggressive Massenhypnotiseur klingt und der alle Elemente dafür besitzt, den idealen Soundtrack für eine Straßenschlacht abzugeben (natürlich in Cinema-Scope)

the doors/the soft parade

THE SOFT PARADE
(Juli 1969)

Tell All The People. Touch Me. Shaman's Blues. Do It. Easy Ride. Wild Child. Runnin' Blue. Wishful Sinful. The Soft Parade.

The Soft Parade war die erste LP der Doors, auf der bei den Credits der Songs die individuellen Komponisten aufgeführt wurden. Die Fronten innerhalb der Gruppe hatten sich verhärtet. Es war vorbei mit dem kollektiven Enthusiasmus. Morrison war nun gänzlich in den Klauen des Alkoholismus und es schien allen klar zu werden, dass die Band langsam auseinanderbröselte. Auch vorüber waren die Zeiten der Blitzkreativität. Der Aufnahmeprozess für *The Soft Parade* zog sich über viele Monate hin und niemand war mit dem Endergebnis besonders zufrieden. Die Doors waren bei dieser LP auf der Suche nach neuen Impulsen und erweiterten ihren Sound durch zusätzliche Instrumente wie Bläser, Celli und Violinen. Dies stellte jedoch lediglich eine billige Produktionsmasche dar, denn die Songs gewannen durch diese Überproduktion keinesfalls an Tiefe. *The Soft Parade* wird immer als der absolute Schwachpunkt in der Karriere der Doors (mit Jim Morrison) gehandelt. Wenn man aber bedenkt, wie geschwächt die Gruppe zu diesem Zeitpunkt selbst war, ist es erstaunlich, dass sie sich überhaupt in der Lage befand, Material aufzunehmen und zu veröffentlichen. Denn neben dem langsamen Zusammenbruch Morrisons, dem langsamen Zusammenbruch der Band und den Schwierigkeiten, bei Studioaufnahmen wieder die alte Magie heraufzubeschwören, hatten die Doors zu diesem Zeitpunkt praktisch keinerlei Möglichkeit live aufzutreten, da kein Konzertveranstalter die möglichen Katastrophen in Kauf nehmen wollte. Darüber hinaus befand sich Morrison inmitten eines komplizierten Rechtsstreits. Und dies alles hatte einen Grund: Das "Konzert" am 1.3. 1969 in Miami, das nach ein paar Songs in einem Tumult geendet und bei dem Morrison angeblich seinen Schwanz herausgeholt hatte.

Letzteres konnte nie eindeutig bewiesen werden, doch die Rockszene basiert zu 50 % auf Mythen und Legenden. Liefert jemand Stoff dafür, so wird der Mythos oder die Legende größer als die Wirklichkeit. Und so hatte Morrison seinen Schwanz natürlich wirklich herausgeholt und dadurch einen Riesen-Skandal entfacht, der 30.000 konservative junge Amerikaner dazu veranlasste, gegen dieses obszöne und sittenwidrige Verhalten zu demonstrieren. Nun hatte Jim Morrison erreicht, was er in den Jahren zuvor immer propagiert hatte: Unruhe zu stiften, für Chaos zu sorgen und die Massen geschickt zu manipulieren. "Get together one more time." Nun hatte er die Massen, die allerdings gegen ihn standen und ihn zum Sündenbock der ganzen Gegenkultur hochstilisieren wollten. Morrison stand zu dieser Zeit unter einem so großen Druck, dass er versuchte, seinem bisherigen Image zu entfliehen.

Aus diesem Grunde heraus weigerte sich Morrison denn auch, die ihm von Robbie Krieger auf den Leib geschriebenen Titel wie *Tell All The People* oder *Touch Me* als Bandkompositionen auszugeben, da sie weiterhin sein altes Image transportierten.

TELL ALL THE PEOPLE
(Robbie Krieger)

Tell all the people that you see

Tell All The People klingt wie eine Nummer von Tom Jones oder ähnlichen Konsorten. Sie hat nichts mehr, absolut nichts mehr mit dem reduzierten, aber dadurch sehr klaren Doors-Sound früherer Tage zu tun. Gleich zu Beginn erklingt hier ein Bläsersatz, gegen den sich die Trompeten von Jericho wie Blockflöten ausnehmen. Bombast! Gigantomanie! Kunst?

Dieser ganze Soundoverkill hilft dann aber letztendlich nur, eine dünne, süßliche und kitschige Melodie mitzutragen, die näher am Schlager liegt als an dem herausfordernden Gestus, der die Doors so berühmt gemacht hatte. Morrison's Stimme kämpft verzweifelt gegen diesen "Wall of Sound" an und verleiht dem Song in ihrem Ringen um Authentizität immerhin noch einen Teil davon.

Das peinlichste Element in diesem auralen Sumpf stellt jedoch der (von Krieger verfasste) Text dar, der in seinem hohlen Pathos ersäuft. Der Protagonist ruft hierin alle Menschen dazu

auf, ihm zu folgen. Das Resultat ihrer bedingungslosen Nachfolge sei ihre Befreiung.
Hier spricht eine Erlöserfigur, ein moderner Jesus Christus zu den armen Schäfchen. Ein Blender, der den Menschen das Paradies verheisst. Morrison muss diesen Text richtiggehend gehasst haben, da er sich gegen alles richtete, wofür er stand: Individualisierung, Ablehnung von Massen- und Personenkulten, Befreiung aus sich selbst heraus. Wahrscheinlich ist es nur seiner Unzurechnungsfähigkeit oder Gleichgültigkeit in jener Periode zu verdanken, dass er den Song überhaupt gesungen hat. Es ist interessant, dass dieser Schmock-Song nie von einem Fernsehprediger gecovert wurde, um den Leuten die Dollars aus der Tasche zu locken.
Dennoch ist es schön, dass es diesen Song überhaupt gibt, ist er doch ein wunderbares Beispiel dafür, wie gänzlich missverstanden Morrison von seiner Begleitband wurde und wie unfähig diese war, Land zu finden, wenn ihr einmal das Ruder in die Hand gelegt wurde.

TOUCH ME

(Robbie Krieger)

Come on, come on, come on, come on now

Der Hit auf *The Soft Parade*. Wiederum großer Schmalz mit Pauken und Trompeten. Wiederum von Robbie Krieger, dem großen sentimentalen Songwriter, der in seinen indiskutablen Lyrics das "Come on ... " von *Light My Fire* wiederverwertet (die erste Stufe zur Hitgarantie) und sich zu lyrischen Ergüssen wie diesem hinreißen lässt:

"Now, I'm gonna love you
Till the heavens stop the rain
I'm gonna love you
Till the stars fall from the sky
For you and I"

"Ich werde dich lieben
bis der Himmel den Regen einstellt
Ich werde dich lieben
bis die Sterne für dich und mich vom Himmel fallen"

Gegen dieses Ausmaß an Schwachsinnigkeiten ist jedes von Jim Morrison noch so dahingekotzte Spontangedicht ein Meisterwerk purer Poesie. Krieger wollte offensichtlich ein Liebeslied schreiben, in dem er ganz ungefiltert seine Gefühle darlegen konnte. Morrison schrieb im Laufe seiner Karriere ebenfalls eine Reihe von Liebesliedern, versetzte deren Lyrics aber immer wieder mit Verfremdungselementen und Unerwartetem (siehe *I Looked At You*, *My Eyes Have Seen You* oder *Love Street*). Durch diese literarischen Eingriffe klangen seine Texte nie stereotyp, wurden nie zum Klischee. Genau diese Kunst beherrschte Robbie Krieger jedoch nicht. Hier schreibt ein einfacher Mensch, der gerne meditiert, über seine einfachen Gefühle. Und daraus erwachsen Anreihungen von Klischees, die lediglich bewirken, dass das Geschriebene steril, keimfrei und fern jeglicher Ansteckungsgefahr ist. Dennoch konnte sich Robbie Krieger damit selbst verwirklichen (von der absoluten Randfigur zum Hitlieferanten) und dennoch freuten sich alle über den Hit, vor allem die Plattenfirma, die aufgrund der niedrigeren Verkaufszahlen von *Waiting For The Sun* und des sich immer weiter verschlechternden Rufes ihrer Schützlinge bereits mit dem Schlimmsten gerechnet hatte. *Touch Me* gab wieder Grund zur Hoffnung, wenn man in solch kommerziellen Kategorien denkt: Ein flotter, schmissiger Song, tanzbar, auch für Dummköpfe mitsingbar, ein griffiger Slogan, ein großartiger Bläsersatz, wunderbare Streicher, die zum Träumen anregen, eine tolle sich steigernde Kadenz, bevor der Sänger mit seinem „Touch Me" herausbricht, ein großes Versprechen für Liebende, ein schneidendes und scharfes Sax-Solo, ein tolles Bass-Motiv von einem noch tolleren Studiomusiker und ein sexy Sänger, der seinen wachsenden Bauch bereits durch weite Hemden aus Mexiko kaschierte, die er aus der Hose hängen ließ. Nein, nicht aus der Lederhose, die alle so verrückt gemacht hatte. Denn diese hatte er nach Miami für immer in den Schrank verbannt. Man trug jetzt weitere, bequemere Hosen und ließ sich auch langsam einen Bart wachsen. Der Abschied von einem überlebensgroßen Image, der Abschied einer großartigen Selbstinszenierung. Der Übergang vom tragischen Helden, der den Schmerz anstelle des Publikums erlebte, zum tragischen Verlierer, der den eigenen Abstieg nur mit einem Lächeln quittieren konnte und sich milde seinem selbstgewählten Schicksal ergab. Auch dem Schicksal, hitgeile Songs wie *Touch Me* intonieren zu müssen.

SHAMAN'S BLUES

(Jim Morrison)

There will never be another one like you

Nach einem schlechten Einstieg jetzt endlich ein Höhepunkt. Der Blues des Schamanen. Jim Morrison hatte sich Zeit seines Lebens immer wieder sehr stark mit Schamanismus beschäftigt. So beantwortete er die Frage, ob seine Funktion der eines modernen Schamenen gleichzusetzen sei, mit folgenden Worten: "Ich weiß nicht, ob die Leute auf Erlösung aus sind oder von mir erwarten, dass ich sie zum Heil führe. Der Schamane aber ist ein Heiler - wie der Medizinmann. Ich sehe mich nicht als Erlöser. Der Schamane hat Ähnlichkeit mit dem Sündenbock. Ich sehe die Rolle des Künstlers als Schamane und Sündenbock. Die Leute projizieren ihre Fantasie auf ihn, und ihre Fantasien werden lebendig. Die Leute können ihre Fantasien zerstören, indem sie ihn zerstören. Ich gehe ein auf die Impulse, die jeder hat, lasse mir das aber nicht anmerken.
Indem sie mich angreifen, mich bestrafen, haben sie das Gefühl, sich von diesen Impulsen zu befreien."
Diese Beschreibung eines Schamanen stellt im Grunde eine weitere Selbstbeschreibung dar, so wie alle literarischen und mythologischen Gestalten, die Morrison heranzieht, nur eine Projektion seines inneren Selbst darstellen. Eine Facette seiner komplex strukturierten Persönlichkeit ist demnach der Schamane, der Zauberer, der in uralte Rituale eindringt und dadurch zum Geisterbeschwörer wird, der sowohl Zugang zu positiven als auch zu negativen Kräften besitzt.
Morrison war von dieser Vorstellung sehr angetan und definierte sich denn auch immer wieder in dieser Rolle eines Individuums, das an Stelle der anderen mit der Welt der Geister kämpft, um jene von der Existenz dieser " anderen Welt" zu benachrichtigen.
In Shaman's Blues wird auf eine schreckliche Art und Weise ein derartiger Kampf ausgefochten. Bei oberflächlichem Konsum dieses Songs wird ein weiteres Mal der Eindruck erweckt, es handele sich um einen Abschiedssong an eine

Geliebte. Doch hinter diesen Zeilen lauert die Bedrohung und das Grauen: Jemand wurde verlassen, doch nicht von einer realen Person. Verlassen von einem Geist, von der Inspiration. Dieser Jemand fühlt sich jetzt alleine und trauert um das, was er verloren hat. Er bittet sehnlichst darum, "es" möge zurückkommen, aber von diesem "es" kommt keine Reaktion.

Jim Morrison fühlte sich in den qualvollen Monaten, während derer er sich auf den Miami-Prozess vorbereitete, total kaputt und ausgelaugt. Er war dem Druck, der auf seine Band, aber vor allem auf ihn ausgeübt wurde, nicht mehr gewachsen. Er hatte kapituliert. Der Schamane hatte sich verflüchtigt. Der Geist der Elektrizität hatte ihn verlassen. Morrison war innerlich bereits tot, zwei Jahre bevor er dann wirklich starb. Die beste Zeit war vorüber und das Chaos aufgebraucht.

Shaman's Blues ist dann auch ein einziger Rettungsschrei. Jemand, der permanenten psychischen und physischen Schmerzen ausgesetzt ist, schreit um sein Leben, um das letzte Fünkchen Hoffnung, das für ihn noch bleibt. Doch die Bitte wird nicht erwidert. Es bleiben nur die Stille und ein paar flüchtig deklamierte Sätze in der Coda des Songs, deren Grauen keinen Raum mehr für Hoffnung lässt:

"He's sweating, look at him
Optical promise, hahaha
You'll be dead and in hell before I'm born
Sure thing
Bridesmaid
The only solution - isn't it amazing?"

"Er schwitzt, sieh ihn dir an
Optische Versprechung, hahaha
Du wirst tot und in der Hölle sein, bevor ich geboren werde
Eine sichere Sache
Brautjungfer
Die einzige Lösung - ist sie nicht verblüffend?"

Die einzige Lösung, the only solution - zwei Jahre später.

DO IT

(Jim Morrison - Robbie Krieger)

Yeah, please me, yeah

Ein musikalisch durchaus ansprechender Song, der von interessanten Gitarren/Bass-Läufen durchsetzt ist, deren eigenwillige harmonische Struktur einen sehr belebenden Effekt haben. Letztlich aber nicht das, was man als einen guten Doors-Song bezeichnen könnte. Ein Kompromiss oder Füllsong, einmal wieder. Dem Hauptakteur der Doors-Inszenierung fällt dieses Mal überhaupt nichts mehr ein. So beschränkt sich Morrison auf *Do It* im Großen und Ganzen darauf, zwei Zeilen immer wieder zu wiederholen (die jedoch dadurch auch nicht besser oder eindringlicher werden):

"Please, please, listen to me, children
You are the ones who will rule the world"

"Bitte, bitte hört mir zu, Kinder
Ihr seid diejenigen, die die Welt beherrschen werden."

Morrison als derjenige, der den Glauben verloren hat (Welchen Glauben? - Den Glauben an alles, aber vor allem den Glauben an sich selbst.) und nun zu den Kindern spricht, die noch keine ausgeprägte rationale Seite besitzen und die Welt durch ihre Augen so sehen, wie sie vermutlich ist. Die noch nicht ein jegliches Ding interpretieren und dadurch verzerren. Die wahren Philosophen. Das neue Forum für Morrison?

Wer nun noch Interesse daran hat, warum der Titel des Songs *Do It* lautet, der sei darauf hingewiesen, dass es Ende der 60er eine sogenannte "Do It-Foundation" gab, die für die Jugendlichen des Landes Anti-Drogen-Spots produzierte.

Was das alles mit dem Song zu tun hat oder wie weit sich das eine auf das andere bezieht, sei dahingestellt. Vielleicht wissen es ja die Kinder?

EASY RIDE

(Morrison)

And I know it will be an easy ride

Der erste Country-Hillibilly-Song der Doors. Und auch der einzige.

Country-Music war ja bis zum Ende der 60er bei der sogenannten Gegenkultur verpöhnt, assoziierte man damit doch genau den Feind - wie jene Redneck-Killer am Ende des Filmes „Easy Rider", von denen Peter Fonda und Dennis Hopper schließlich erschossen werden, allgemein also Anti-Werte wie Rassismus, Intoleranz, Gewalt und Aggression. Genau das Gegenteil vom politisch korrekten Hippie.

Doch irgendwann wurde es politisch korrekt, Country-Musik zu spielen. Dylan ging nach Nashville und nahm dort zusammen mit Johnny Cash auf, die Byrds wechselten zum Country und eine Horde anderer hängte sich dran. Country war also rehabilitiert und galt nun nicht mehr als Redneck-Mucke, sondern als Soundtrack zur Beschwörung eines anderen, ursprünglicheren, naiveren und reineren Amerikas. So schnell können sich in der Popkultur die Paradigmen verändern.

Und da kommen nun auch noch die Doors und machen einen Hillibilly-Song. Sie hatten ja immer schon Sinn für Humor und spielen können sie ja auch, vor allem der Gitarrist hat seine Chet Atkins-Fills gut gelernt und reitet nun Rodeo auf der twangigen Welle des Country-Grooves. Dennoch ein Song, den man musikalisch nur als Parodie verstehen kann (vielleicht ist *The Soft Parade* ja in weiten Teilen einfach eine Comedy-LP und niemand hat den Witz verstanden).

Im Text wirbt Morrison um eine "Coda Queen", bei der er glaubt, ein leichtes Spiel ("an easy ride") zu haben (vergleiche *I Can't See Your Face In My Mind*). Dafür findet er eine Reihe schöner Bilder, die die Lyrics vollends aus dem Bereich der komödiantischen Trivialität erheben. Dennoch bleibt ein diffuser Eindruck und ein fahler Nachgeschmack. Man vergisst diesen Song, sobald er zu Ende ist. Ich wiederhole nochmals, was die Doors oft so interessant gemacht hat: Das absolut Erhabene liegt oft neben dem absolut Trivialen und diese beiden Elemente werden sogar manchmal ineinander verwoben. Das ist Pop, manchmal Schamanen-Pop.

WILD CHILD

(Jim Morrison)

Wild child full of grace

Jim Morrison als das wilde Kind, das einem anderen wilden Kind seine Reverenz erweist: dem französischen Dichter Arthur Rimbaud, der mit 19 Jahren sein literarisches Hauptwerk vollendet hatte, dann nach Afrika ging und zum Waffen- und Sklavenhändler wurde, bis er schließlich im Alter von 37 Jahren auf qualvolle Art und Weise starb. Morrison erwähnte Rimbaud immer wieder als einen Haupteinfluss auf sein Werk und war sowohl von dessen Poesie als auch von seiner Vita fasziniert. Vor allem schien ihn immer sehr stark die Vorstellung zu beeindrucken, mit seinem bisherigen Leben zu brechen und an einem anderen Ort als Fremder ein neues Leben anzufangen. Diese Faszination für Rimbaud mag eine der Ursachen dafür sein, dass viele Fans nach wie vor glauben, Morrison sei noch am Leben und halte sich in Afrika auf, genau so wie sein großes Vorbild, dessen hohle Augen er in *Wild Child* besingt.

Am Ende des Songs bezieht er sich direkt auf diese Vorstellung:

"Do you remember when we were in Africa?"

"Erinnerst du dich noch daran, als wir in Afrika waren?"

Rimbaud, das wilde Kind, das hier besungen wird, hat in seinem zweiten "Brief des Sehers" vom 15.5.1871 bereits alles vorweggenommen, worauf sich Morrison 100 Jahre später mit Übereifer stürzen sollte. Ein Ausschnitt: "Ich sage, es ist notwendig, Seher zu sein, sich sehend zu machen. Der Poet macht sich sehend durch eine lange, gewaltige und überlegte Entregelung aller Sinne. Alle Arten von Liebe, Leiden, Wahnsinn; er sucht sich selbst, er erschöpft alle Giftwirkungen in sich, um nur die Quintessenz zu bewahren. Unsägliche Folter, wo er volles Vertrauen, alle übermenschliche Kraft braucht, wo er unter allen der große Kranke, der große Gesetzesbrecher, der große Geächtete sein wird,- und der höchste Wissende! - Denn er kommt an beim Unbekannten! Weil er seine schon reiche Seele weiter ausgebildet hat, weiter als irgendjemand sonst! Er kommt

an beim Unbekannten, und wenn er, überwältigt, damit enden würde, daß er das Verständnis seiner Visionen verliert, so hat er sie doch gesehen! Mag er auch zerrissen werden bei seinem großen Satz durch die unerhörten und unsagbaren Dinge: Kommen werden andere furchtbare Arbeiter; sie werden dort weitermachen, wo der andere an seine Grenze kam."
Das komplette Lebensprogramm eines Jim Morrison, formuliert und vorgelebt von Arthur Rimbaud, dem anderen "furchtbaren Arbeiter", der dort aufgehört hatte, wo er kapitulieren musste. Do you remember when we were in Africa?

RUNNING BLUE

(Robbie Krieger)

Poor Otis dead and gone

Eine weitere Huldigung, in diesem Falle an den am 10.12.1967 nach einem Flugzeugabsturz ertrunkenen schwarzen Soul-Sänger Otis Redding. Immer wieder bei Morrison die Faszination des Wassers, Faszination am Tod durch Ertrinken:

"Poor Otis dead and gone
Left me here to sing his song"

"Armer Otis, tot und von uns gegangen
Ließ mich hier zurück, sein Lied zu singen."

Otis Redding war ein gefeierter Sänger, von dem unter Anderem Hits wie *The Dock Of The Bay, Respect, Try A Little Tenderness* oder *That's How Strong My Love Is* stammen. Welche direkte Verbindung allerdings zu den Doors besteht, bleibt unklar. Interessant ist die Tatsache, dass Otis Redding im Alter von 27 Jahren ums Leben kam. Diese Zahl besitzt in der Rockmusik offensichtlich etwas Magisches, denn sowohl Brian Jones, Janis Joplin, Jimi Hendrix, Jim Morrison und später Kurt Cobain starben in genau diesem Alter: alle großen Stars der 60er und der größte Star der 90er. Welche Bewandtnis es mit dieser Zahl 27 hat, das wollen wir wiederum den Numerologen überlassen. Dennoch, ein illustrer Club.
In *Running Blue* wird nun geschickt mit dem Wort "blue / blues" gespielt und ein Zitat von Otis Redding eingeflochten: "Got to find the dock on the bay". Kein großer, aber ein netter Text, der gut zum Thema passt.

Musikalisch wird in *Running Blue* sehr dick aufgetragen. Man hört wieder Bläser und Geigen und sogar eine Mandoline. Dies alles wirkt dann in einem Song über einen schwarzen Sänger sehr geschmacklos, da wie in *Easy Rider* sehr starke Assoziationen an den Redneck-Süden geweckt werden, an einen Ort, an dem Leute wie Otis Redding schon immer lebende Tote waren.

WISHFUL SINFUL

(Robbie Krieger)

Wishful, crystal

Eine Ballade mit Orchesterbegleitung, Oboen-Solo und allerhand anderen Zutaten, die zum Kitsch nötig sind. Dennoch funktioniert der Song. Vielleicht wurde hier einfach so stark überproduziert, dass das Ergebnis so abgeschmackt klingt, dass es jenseits von Gut und Böse ist. White Trash at its best. Könnte wahlweise von Frank Sinatra (in seiner Altersphase), Tom Jones (in seiner Las Vegas-Phase) oder Elvis (in seiner Fett- und Debil-Phase) stammen. Wir haben jetzt den Untergrund verlassen und befinden uns kurzzeitig genau in the middle of the road. Musik, auf die auch Morrison's Eltern stolz gewesen wären und die Morrison senior bestimmt auch gehört hätte, als ihm, dem Admiral, ein weiterer Orden als Auszeichnung für seine wertvollen Verdienste ums Vaterland angeheftet wurde.

Die Lyrics stellen ein weiteres Mal eine Ode an die reinigende Kraft des Wassers dar, dem dominierenden Element im mythischen Kosmos der Doors.

THE SOFT PARADE

(Jim Morrison)

When I was back there in seminary school

Neben *Shaman's Blues* der große Höhepunkt auf einem an Höhepunkten sehr armen Album. *The Soft Parade*, der Titelsong des gleichnamigen Albums, besteht eigentlich aus einer Vielzahl von Songs, stellt also die moderne Variante einer klassischen Suite dar. Das Suitenhafte wird zusätzlich durch den Einsatz alter-

tümlicher Instrumente wie eines Spinettes unterstrichen.
Zum Einstieg hören wir einen aufs Heftigste deklamierenden Jim Morrison, der uns eine Lektion in Sachen Eigenverantwortlichkeit gibt:

"When I was back there in seminary school
There was a person there
Who put forth the proposition
That you can petition the Lord with prayer
You cannot petition the Lord with prayer!!!"

"Als ich noch die Seminary-School besuchte
gab es da eine Person
die die Behauptung aufstellte
dass man Gott mit Gebeten um etwas bitten kann!!!
Man kann Gott nicht mit Gebeten um etwas bitten!!!"

Nach dieser absoluten Abkehr von der Hoffnung auf göttliche Intervention bleibt ein einsamer und verlassener Mensch zurück, der zu zarter Begleitung um Zuflucht bittet:

"Can you give me sanctuary?
I must find a place to hide
A place for me to hide
Can you find me soft asylum
I can't make it anymore
The man is at the door."
"Kannst du mir Zuflucht gewähren?
Ich muss einen Ort finden, an dem ich mich verstecken kann
Einen Ort, an dem ich mich verstecken kann
Kannst du für mich ein sanftes Asyl finden
Ich kann nicht mehr
Der Mann steht vor der Tür."

Auch diese Zeilen wurden von Morrison-Exegeten als Beleg dafür hergenommen, dass sein Tod nur fingiert war und er sich in ein anderes Land abgesetzt hatte, wo ihm dieses "sanfte Asyl" gewährt wurde. In diesen Zeilen singt ein gebrochener Mann, der keinen Ausweg mehr sieht, da sein Verfolger bereits vor der Tür steht. Doch wer ist dieser Verfolger, dieser "man"? Der Geist des Schamanen, der ihn verlassen hatte und sich nun gegen ihn wandte? Der Richter im Miami-Prozess, der anhand der Figur Jim Morrison ein Exempel statuieren wollte, das der ganzen Gegenkultur zur Abschreckung dienen sollte? Oder schlicht und einfach sein alter Gefährte, der Tod, mit dem er Zeit seines Lebens in bewusst-symbiotischer Beziehung gelebt hatte und der nun nähergerückt war? Schluss mit der Spekulation. Fakt ist, dass hier jemand singt, der sich am Ende der Gefühle, am Ende des Schmerzes und am Ende der Liebe befindet. Selten hat man derartige Klagegesänge auf einer Pop-LP vernehmen können.

Doch bevor nach diesem Lamentieren die endgültige Stille hereinbricht, setzt die Band ein und begibt sich auf ein ungewohnt jazziges Terrain, dies jedoch auf einem sehr hohen Niveau. Musikalisch ist *The Soft Parade* denn auch einer der ungewöhnlichsten und schönsten Doors-Songs.

Der Sänger assoziiert wieder frei und findet Bilder, die seinen Zustand der Desolation aufs Zutreffendste beschreiben, wie die Metapher über die Frauen, die ihre Babys zum Fluss tragen.

Er erwähnt nicht, ob diese Babys dort gewaschen (die konstruktive Kraft des Wassers) oder ertränkt werden (die destruktive Kraft des Wassers).

Bezugspunkt in diesem Song ist das Grab, das langsame Entgegengleiten, diesem Grabe entgegen, und die Rituale, die sich um jenes Zentrum herum abspielen. Irgendwann beginnt dann die "Sanfte Parade", bei der es sich vermutlich um einen Leichenzug handelt. Morrison wurde zu diesem Song inspiriert, als er die Menschen auf dem Sunset Strip beobachtete. Offensichtlich müssen ihm diese gewaltigen Menschenschlangen und -massen wie große Leichenzüge vorgekommen sein. Leute, die einem offenem Grabe entgegenlaufen, sich ihrer Determination aber nicht bewusst sind, sondern ihren Weg auch noch als den einzig richtigen einstufen.

Dinge, die sich jenseits des Bewusstseins abspielen und die nur jemand wie Morrison fassen kann, da er bereits mit der menschlichen Gemeinschaft gebrochen hat. Dieser sanfte Leichenzug auf dem Sunset Strip, überall, endet mit ein paar finalen Sätzen, die die Gesamtheit der in diesem Song vorgestellten Bilder noch einmal zusammenfassen und bereits darüber hinaus weisen:

"We need someone or something new
Something else to get us through
Calling on the dogs (...)
Calling on the Gods"

"Wir brauchen irgend jemand oder irgend

etwas neues
Etwas anderes, das uns durchbringt
Die Hunde werden gerufen
Die Götter werden gerufen"

Jim Morrison sieht in der bestehenden Situation, in den bestehenden Werten und Idealen keinen Ausweg mehr. Er sucht nach etwas gänzlich anderem oder neuen, das dieser existentiellen Desolation entgegenwirkt. In seiner Verzweiflung ruft er die Götter an. Nicht den Lord, den man sowieso nicht durch Gebete manipulieren kann, wie er weiß, sondern die Götter der Antike, den Pantheon der griechischen Götter.
Verzweiflung, authentisch dargestellt. Kein Platz für Hoffnung innerhalb der Grundfeste eines irdischen Gefüges, dessen Absurdität den Sänger erstarren lässt. Die Parade hat begonnen, hat schon längst begonnen, vollzieht sich schon seit Anbeginn der Menschheit.

THE DOORS
MORRISON HOTEL
PASSENGER
LOADING
ONLY
ROOMS
$2.50

Morrison Hotel
(Februar 1970)

Roadhouse Blues. Waiting For The Sun. You Make Me Real. Peace Frog. Blue Sunday. Ship Of Fools. Land Ho!. The Spy. Queen Of The Highway. Indian Summer. Maggie McGill.

Eine sehr schwierige Zeit für die Doors. Morrison entfernte sich weiter von der Musik und verbrachte die meiste Zeit mit irgendwelchen dubiosen Gestalten wie Babe Hill, Frank Lisciandro und Paul Ferrara, mit denen er sich wieder stärker diversen Filmprojekten widmete. Davon wurden aber nur zwei realisiert:

"Feast Of Friends" ist ein Dokumentarfilm, der die Doors On Stage aber auch Backstage präsentiert. Ein besonderes Augenmerk wird auf die Konzertbesucher gelegt. Durch einen unglücklichen Endschnitt entsteht jedoch der Eindruck, dass Doors-Konzerte vor allem aus gewalttätigen Ausschreitungen bestanden, was natürlich nicht der Fall war. Der Film hinterlässt demnach einen zwiespältigen Eindruck und wurde seinerzeit auch von der Kritik nicht gerade begrüßt.

Das andere zum Abschluss gebrachte Projekt hört auf den Namen "HWY" und ist der einzige Spielfilm, bei dem man Jim Morrison als Schauspieler bewundern kann. Die Story ist jedoch etwas kryptisch: Ein Mann fährt in die Wüste und nimmt einen Anhalter mit, der dann allein zurückkehrt. Auch dieses Projekt wurde von der Filmkritik nicht gerade mit offenen Armen empfangen und so widmete sich Morrison wieder intensiver dem Schreiben. Darüber hinaus erschien er aber auch zu Studio-Sessions für dieses Album, das viele als Rückkehr der "alten Doors" feierten.

ROADHOUSE BLUES

(Jim Morrison - THE DOORS)

Keep your eyes on the road, your hand upon the wheel

Der Einstieg in die vorletzte Studio-LP der Doors weist auf alles hin, was noch kommen sollte: Die Musik wurde wieder erdverbundener und war stark dem Blues verpflichtet. Die Zeit des Experimentierens war vorbei, man hatte dem ganzen Orchesterpomp entsagt und wagte sich nun wieder in Bodennähe. Vielleicht war dies auch eine Reaktion auf den kommerziellen Misserfolg der letzten LP. Und um vollends auf Nummer Sicher zu gehen, setzte man den *Roadhouse Blues* ganz an den Anfang, einen Song, den garantiert jeder auch noch so betrunkene Trucker mitsingen kann ("Let it roll, let it roll, let it roll") und der für Doors-Verhältnisse einfach zu banal klingt. Gerade dieser Song erwies sich jedoch nach und nach als Publikumsliebling. Außerdem besitzt dieser Song einen unheimlichen Drive, nicht zuletzt weil die Gitarren-Legende Lonnie Mack darauf meisterhaft den Bass bedient. Leider spielt Robbie Krieger wieder eines seiner langweiligen typischen Rock'n Roll-Gitarrensolos, das dann sehr dünn und kläglich wirkt. Ferner bedient ein gewisser G. Puglese auf diesem Track die Mundharmonika. Hierbei handelt es sich nicht um einen anonymen Harp-Virtuosen, sondern um John Sebastian, den Sänger der Lovin' Spoonful, der aber nicht in einem Atemzug mit den Doors, der "dunkelsten Band Amerikas" genannt werden wollte. Jim Morrison artikulierte hier auch zum ersten Mal seinen Alkoholismus, versuchte nichts mehr zu verstecken - und alle fanden's klasse, denn bei diesen Zeilen ist gut mitgrölen:

"When I woke up this morning I got myself a beer
The future's uncertain and the end is always near."

"Als ich heute morgen aufgewacht bin, habe ich mir erstmal ein Bier aufgemacht
Die Zukunft ist ungewiss und das Ende immer nah."

Das ist Alkoholiker-Romantik, getragen von einem Mitschunkel-Beat für Biker-Parties.

WAITING FOR THE SUN

(Jim Morrison)

At first flash of Eden we raced down to the sea

Wie immer bei den Doors folgt auf einen trivialen und langweiligen Song mindestens ein Meisterwerk. *Waiting For The Sun* stellt ein solches dar. Es hätte eigentlich der Titelsong für die dritte Doors-LP mit dem gleichnamigen Titel werden sollen, wurde dann aber (unverständlicherweise) fallen gelassen. Die Doors spielen auf diesem Song wie auf dem ganzen Album unheimlich tight. Man merkt, wie gut ihnen die erneute Reduktion auf ein reines Bandformat getan haben muss. Die Musik atmet wieder und klingt wie aus einem Guss. *Waiting For The Sun* kann dann auch eine Palette an neuen Sounds aufweisen. So klingt der Bass transparent und abwechslungsreich wie niemals zuvor und Ray Manzarek präsentiert im Chorus einen Keyboard-Sound, der unglaublich fett und mitreißend klingt. Das alles wird überdeckt von Robbie Krieger, der hier wieder auf seine Trademark-Moonlight Drive-Slide-Guitar zurückgreift, die jedoch wunderbar mit dem Kontext des Songs harmoniert. In den Strophen glaubt man wirklich, die Doors stellten dieses Leben in einer "diffusen Sonne" ("scattered sun") lautmalerisch dar. Über allem steht hier wiederum die Stimme von Jim Morrison, der gleichzeitig Einsamkeit und Trauer, aber auch eine unheimliche Stärke ausdrückt. Selten hatte er in einem Lied mit einer derartigen Emotionalität gesungen. Gekrönt wird dieser Song aber vor allem durch seine Lyrics, die meilenweit von einem *Roadhouse Blues* entfernt sind und beweisen, dass er noch immer zu absoluter Poesie fähig war. Poesie, die innerhalb des engen Korsetts eines Pop-Songs auch tatsächlich funktionierte: Wieder steht er am Meer, dem unendlichen Spiegelbild seiner Gefühle. Dort wartet er auf die Sonne. Dieses Warten impliziert jedoch abermals eine zweite Ebene, denn niemals vorher in seinem Leben schien er der Sonne (einer glücklichen Fügung des Schicksals, einer Lösung, einer Antwort, einem Ausweg, einem Fluchtweg, Trost, einer Rettung, einer Heilung, einer inneren Veränderung) so fern zu sein wie zu diesem Zeitpunkt seines Lebens. Seine Realität verdichtete sich weiter: der Miami-Prozess lief noch und warf

stärkere Schatten über die Zukunft der Gruppe. (Jim Morrison wurde schließlich erst am 30.10.1970 für schuldig befunden, und zwar wegen "vulgärer und unsittlicher Zurschaustellung" sowie des "Gebrauchs vulgärer und unsittlicher Sprache". Doch anstatt der erwarteten sechs bis acht Monate Haft musste Morrison vorerst nur eine Geldstrafe von 500 Dollar bezahlen. Die Haft sollte er dann nie mehr antreten; er erlebte es nicht mehr). Darüber hinaus verschlechterte sich sein Gesamtzustand immer stärker und es schien ihm mehr und mehr bewusst zu werden, dass es für ihn, sollte er seinen Lebensstil nicht verändern, keinen Ausweg mehr gab. Daher auch die ganzen Hilfeschreie (*Shaman's Blues*, *The Soft Parade*). Diese Schreie nach Rettung und Erlösung sollte er bis zu seinem Ende fortsetzen:

"Waiting for you to come along
Waiting for you to hear my song
Waiting for you to come along
Waiting for you to tell me what went wrong."

"Warten, dass du vorbeikommst
Warten, dass du meinen Song hörst
Warten, dass du vorbeikommst
Warten, bis du sagst, was falsch gelaufen ist."

Dieses "Du" ist wie immer bei Morrison nicht personal , sondern in einem größeren, fatalistischen Zusammenhang zu verstehen. Doch da "die Sonne" oder dieses "Du" nicht erscheint, bleibt nur das Resümieren über das bisherige Leben, das Nicht-Erkennen eines Sinnzusammenhanges, das Verharren in der Absurdität und schließlich: das Hoffen.

"This is the strangest life I've ever known"

"Dies ist das seltsamste Leben, das ich jemals gekannt habe"

Alles ist "strange": Die "people" sind "strange", die "days" sind "strange", das "life" ist "strange": Doch der, der dies spricht, ist der größte "stranger", der absolute Fremde, vielleicht jener Fremde, der sich in uns allen verbirgt.

YOU MAKE ME REAL
(Jim Morrison)

I really want you

Nach dem beeindruckenden *Waiting For The Sun* wieder ein schneller Throwaway-Song. Kurz mal einen netten Rock'n Roll-Beat mit schönem Honky Tonk-Geklimper und Robbie Krieger-Rock'n Roll-Solo (siehe *Roadhouse Blues*) aus den Ärmeln geschüttelt, alles ein bisschen swingen und krachen lassen, dazu wieder "let it roll, let it roll, let it roll" und schon wieder sind 2:50 Minuten auf einem Album gefüllt, bei dem aber im Gegensatz zu *The Soft Parade* die guten Songs überwiegen.
Die Lyrics wieder eine Hommage an eine Frau, die den Protagonisten erst zu neuem Leben erweckt und in deren "zarte, versunkene See" er "gleiten" will. Dieses Bild sei hier als Höhepunkt eines Textes zitiert, bei dem sich Morrison auf seinem untersten (poetischen) Niveau bewegt. So etwas war ihm am Anfang nie passiert, als beinahe jeder seiner Texte ein in sich geschlossenes Gesamtkunstwerk dargestellt hatte und sogar scheinbar improvisierte Lyrics wie bei *My Wild Love* (auf dem Album *Waiting For The Sun*) noch ein bestimmtes Grundniveau aufgewiesen hatten.

PEACE FROG
(Morrison - Krieger)

There's blood in the streets, it's up to my ankles

Peace Frog war im Studio bereits als Instrumental-Track fertiggestellt und alle waren zufrieden, weil es der Band vorher noch nie gelungen war, solch einen kochenden funky Song auf Tape zu bannen. Es fehlten lediglich noch die Lyrics und Jim Morrison versuchte vergeblich, etwas Passendes zu finden. So schickte ihn der Produzent Paul Rothchild wieder nach Hause und bat ihn, am nächsten Tag seine Notizbücher mitzubringen, in denen er im Laufe der Jahre unzählige Textfragmente festgehalten hatte. Am nächsten Tag erschien Morrison mit seinen gesammelten Werken und zusammen mit Rothchild gelang das Unmögliche:
Sie kombinierten zwei Song-Ideen, die dann auf *Peace Frog* nebeneinander standen, wandten

6
10
12
14

also eine Art dialogisches Strukturprinzip für einen Pop-Song an. Und es funktionierte hervorragend. Der eine Teil war ein Ausschnitt aus einem längeren Gedicht, das den Titel "Abortion Stories" ("Abtreibungsgeschichten") trug. Dieser Teil des Textes ist brutal und blutrünstig. Er erzählt von dem Blut auf den Straßen (allein das Wort "Blut" taucht 17 Mal auf), das bis zu den Schenkeln der Menschen steht und einen großen Fluss der Trauer bildet. Diese Blutphantasien kulminieren, als er eine Frau besingt, deren Gehirn "Blut" schreit, während ihr die Finger abgehackt werden, und danach über die Nation spricht, bei deren Geburt ebenfalls Blut floss. Hierbei muss man erwähnen, dass der Film "Birth Of A Nation" ("Geburt einer Nation"), einer der ersten abendfüllenden Spielfilme Amerikas, starke rassistische Tendenzen aufweist, indem er vor allem dem Ku Klux Klan seine Referenz erweist. Darauf bezieht sich Morrison in der nächsten Zeile, wenn er behauptet, dass Blut die Rose eines geheimnisvollen Bundes sei.

Morrison spricht demnach nicht, wie der Titel seines Gedichtes andeutet, von Abtreibung per se, wenn er die ganze Welt in Blut taucht, das man förmlich aufsteigen sieht. Er spricht von der Schande einer ganzen Nation, die seit ihrer Geburt in Blut gewatet ist und immer mehr im Blut zu ertrinken drohte. Und natürlich bezieht er sich mit dieser Blutmetapher ein weiteres Mal auf den Krieg in Vietnam, der noch viele Jahre dauern sollte (bis 1975). Auch in *The Unknown Soldier* hatte er schon das Bild der "Abtreibung" verwendet, als er von "Unborn living, living dead" ("Ungeborene Lebende, lebendige Tote") sang. Doch erst in diesem Song wird diese Metapher zu vollem Leben erweckt: Eine Nation, die knietief im Blut steht, da sie ihre jungen Männer "abtreibt". Eine Nation, die sie in einen ungerechten Krieg schickt, von dem die meisten nicht mehr lebendig oder gesund zurückkommen sollten. Eine staatlich verordnete "Abtreibung" von Lebenden, denen dadurch jedoch das weitere Recht auf Leben verwehrt wird. In diese Blutphantasie integriert er die Erinnerung an sein Initiationserlebnis, als er als Junge mit seinen Eltern auf einer Straße fuhr, auf der sich kurz vorher ein schwerer Unfall ereignet hatte. Bei diesem Song beschränkt er sich auf eine knappe Schilderung dieses Ereignisses:

"Indians scattered on dawn's highway

bleeding.
Ghosts crowd the young child's fragile eggshell mind."

"Indianer, die verstreut auf der Straße der Dämmerung liegen und bluten.
Geister bevölkern das zerbrechliche eierschalene Gemüt des jungen Kindes."

In einer späteren Lesung in einem Tonstudio (am 8.12.1970, Morrison's 27. Geburtstag) nahm er noch einmal ausführlich zu diesem Initialerlebnis Stellung: Als er die ganzen indianischen Arbeiter gesehen hatte, die verstreut auf der Straße lagen und verbluteten, hatte er zum ersten Mal in seinem Leben Angst verspürt. In der Retrospektive gelangte er zu der Erkenntnis, dass ein paar Geister der toten Indianer sich damals von ihren Körpern gelöst hatten und in seine Seele eingedrungen waren, wo sie sich seinem Bekunden nach noch immer befanden.
Morrison, der Erbe der toten Indianer, der Schamane, den ein Kindheitstrauma stark geprägt hatte und der schon im Alter von vier Jahren von mythischen Geistern besetzt wurde.
Im anderen Teil der Lyrics wird eine Frau besungen, die gekommen war und dann mit Sonnenschein in ihrem Haar wieder davonfuhr. Eine weitere Huldigung an Pamela, seiner einzigen wahren Liebe. Das Gefühl der Sanftheit, das bei diesem Textteil hervorgerufen wird, steht in wunderschönen Kontrast zu den beschriebenen Gewalt- und Blutphantasien. Die Kombination dieser beiden Elementen plus der kurzen autobiographischen Notiz macht aus den Lyrics von *Peace Frog* ein großes poetisches Kunstwerk, wie man es selten in der Rockmusik gehört hat. Sigmund Freud meets Francis Ford Coppola.

BLUE SUNDAY

(Jim Morrison)

I found my own true love

Die apokalyptische Vision *Peace Frog* geht direkt über in *Blue Sunday*, das sanfteste Liebeslied, das die Doors jemals produzierten. Morrison bezieht sich in seinen Lyrics ein weiteres Mal auf seine "kosmische Gefährtin" Pamela. Er besingt sie voller Liebe und Zuversicht, dieses Mal ohne einen Hauch von Zynismus. Viele Leute behaupteten, dass Morrison 1970 milder geworden war und damals sogar manchmal lächelte. Tatsache ist wohl, dass er sich mit seinem Schicksal abgefunden hatte und folglich weiter vor seinem Image flüchtete. Eine Zuflucht war für ihn immer Pamela, die ihn bis zuletzt begleitete und zu verstehen versuchte. Dies war jedoch nur die eine Seite der Medaille (siehe *Queen Of The Highway*).

SHIP OF FOOLS

(Jim Morrison - Robbie Krieger)

The human race was dying out

Vom *Crystal Ship* zum *Ship Of Fool*s, dem Narrenschiff. Für die Doors nur eine kleine Fingerübung, von Morrison jedoch ein guter Text. Das *Ship Of Fools* geistert schon seit Jahrhunderten durch die Literaturgeschichte und wurde auch in der Rockmusik unzählige Male verbraten (auch von John Cale auf dessen LP *Fear*). Jim Morrison aber war der erste Rockmusiker, der sich dieses Motivs bedient hatte und der es als Grundlage für eine weitere apokalyptische Vision, die jedoch gehörig mit Humor gewürzt ist, benutzte. Die Angst vor dem Weltuntergang wird in diesem Song genauso auf den Arm genommen wie die Angst vor einer drohenden Umweltkatastrophe; Ängste, mit denen sich vor allem Menschen konfrontieren, denen andere existentielle Ängste, wie sie Morrison zur Genüge kannte, fremd sind. Jene "kleinen" Leute, die endlos darauf hoffen, dass ihre kleine definierte und gemütliche Welt für immer bestehen möge. In diese kleine Welt voller alltäglicher Ängste platzt nun ein Charakter, dessen Name "Mister Goodtrips" lautet und der nach einem neuen Schiff Ausschau hält, das dann zu jenem Narrenschiff wurde. Eine Freak-Show auf den sieben Meeren, eine neue Variante der Arche Noah, bevölkert von Outlaws und Underdogs. Morrison macht sich hier über den Aussteiger-Mythos lustig, der in jener Zeit sehr hip war. Denn Morrison vertrat immer die Philosophie, dass man sich als Individuum nur aus sich selbst heraus befreien könne. Es wird nie einen "Mister Goodtrips" geben, den großen Acid-Head, der den Menschen ins gelobte Land führt. Eine nette Parodie auf Hippie-Hoffnungen und -sehnsüchte.

LAND HO !

(Jim Morrison - Robbie Krieger)

Grandma loved a sailor who sailed the frozen sea

Eine lustige Geschichte über einen alten Seemann, besser gesagt einen Walfänger, der auf dem Eismeer gesegelt ist, vertont von den Doors als hübscher Seemanns-Shanty. Eine Geschichte, die archetypisch steht für all die Glücksspieler, Weltumsegler und Abenteurer, denen sich Morrison immer sehr stark verbunden fühlte, da sie eine wirkliche Form von Freiheit repräsentierten. Ferner ist die Mythologie des Seefahrers oder Walfängers sehr tief in der amerikanischen (Literatur-) Geschichte verwurzelt, man denke nur an den monumentalen Roman "Moby Dick" von Herman Melville, dessen Einleitung sehr stark dem Grundgefühl dieses Songs ähnelt: "So oft etwas Verbissenes in meine Züge kommt und in meinem Innern ein naßkalter November zu nieseln beginnt, so oft es mir widerfährt, daß ich unwillkürlich vor Sargspeichern stehen bleibe und mich jedem Leichenzug, der mir begegnet, hinten anschließe, (...) dann halte ich es jeweils für geraten, sobald als möglich auf See zu kommen."
Der Walfänger als derjenige, der allen Gefahren trotzt und seinen Mut vor allem dadurch beweist, dass er gewillt ist, der Gefahr unmittelbar ins Auge zu schauen und sie zu bezwingen. Der weiße Wal "Moby Dick" als Metapher für ein deterministisches Schicksal, gegen das man aber dennoch aufbegehrt und dadurch zu einem modernen Prometheus wird, der den Göttern das Feuer stiehlt.
All diese Elemente sind Morrison-Romantik pur und es scheint klar, dass er gerne einen Walfänger zum Großvater gehabt hätte, war doch sein Vater Admiral auf einem Flugzeugträger. Das Trauma, once again.

THE SPY

(Jim Morrison)

I'm a spy in the house of love

Der schleichende Blues des Spions. Die Musik ist sehr laid back, sie klingt wie ein Hund, der langsam um das Haus schleicht; und dieser Hund ist wiederum Morrison, der Spion im Hause der Liebe, der die geheimsten Träume, die schlimmsten Ängste und die Worte kennt, nach denen sich jeder sehnt. Wieder die Pose des *Back Door Man*, der um die Häuser zieht als auch der des Voyeurs in *My Eyes Have Seen You*. Der Voyeur, der die Menschen im Stillen beobachtet und sie daher ihrer Masken beraubt, hinter denen sie sich im Alltag verstecken. In seinem 1970 herausgegebenen Prosatext "The Lords. Notes On Vision" beschäftigt sich Morrison mit der Psychologie des Voyeurs, dessen Rolle ihn so stark faszinierte:

"More or less, we're all afflicted with the psychology of the voyeur. Not in a strictly clinical or criminal sense, but in our whole physical and emotional stance before the world. Whenever we seek to break this spell of passivity, our actions are cruel and awkward and generally obscene, like an invalid who has forgotten how to walk The voyeur, the peeper, the Peeping Tom, is a dark comedian. He is repulsive in his dark anonymity, in his secret invasion. He is pitifully alone. But, strangely, he is able through this same silence and concealment to make unknowing partner of anyone within his eye's range. This is his threat and power."

"Mehr oder weniger sind wir alle von der Psychologie des Voyeurs betroffen. Nicht in einem strikt klinischen oder kriminellen Sinne, aber in unserer ganzen körperlichen oder emotionalen Haltung vor der Welt. Immer wenn wir versuchen, diesen Zauber der Passivität zu brechen, werden unsere Aktionen grausam und ungeschickt und gemeinhin obszön, wie ein Invalide, der vergessen hat wie man geht. Der Beobachter, der Voyeur, der Spanner ist ein dunkler Komödiant. Er ist abstoßend in seiner dunklen Anonymität, in seinem geheimen Eindringen. Er ist auf bemitleidenswerte Weise allein. Aber komischerweise kann er durch dieselbe Stille und Verborgenheit innerhalb des Bereiches seiner Augen zu jedermann's Partner werden. Daraus besteht seine Bedrohung und Macht."

Jim Morrison spricht hier ernsthaft und schonungslos. In einer weiteren Passage ernennt er Gott zum ersten Voyeur, da den Kindern eingebleut wird, brav und anständig zu sein, weil Gott alles sieht. Morrison hat sich vermutlich Zeit seines Lebens als dunkler Voyeur gesehen, als denjenigen, der die geheime Welt der Menschen betrachtet, aufgrund seiner Isolation aber nicht daran teilnehmen kann. Durch seine Rolle als Popstar kontrastierte er diese Rolle, da er sich so selbst zum Objekt unzähliger Voyeure machte, zum öffentlichen Allgemeingut. Was aber blieb, war die Isolation, die sowohl dem Voyeur als auch dem Opfer anhaftet. Was ihm nie gelang, war, diese Mauer zu durchbrechen. Wahrscheinlich war sein gezielt provokatives Verhalten bei dem berüchtigten Miami-Konzert ein Versuch, wirklich durchzudringen und die Mauer zwischen Künstler und Publikum einzureissen.

QUEEN OF THE HIGHWAY

(Jim Morrison - Robbie Krieger)

She was princess, queen of the highway

Einer der letzten Songs, die für *Morrison Hotel* aufgenommen wurden. John Densmore betont in seiner Autobiographie The Doors. "Riders on the Storm", dass es ihm nach wie vor leid tue, dass es den Doors bei diesem Track nicht gelungen war, einen adäquaten Soundtrack für die von Morrison transportierten Lyrics zu schaffen. Dennoch klingt der Song musikalisch vielschichtiger und abenteuerlicher als vergleichsweise harmlose Tracks auf diesem Album wie *Roadhouse Blues* oder *You Make Me Real*.

Die Lyrics von Morrison sind eindeutig wieder Pamela gewidmet und wenn man ein wiederkehrendes Motiv in diesen Songs findet, dann ist es zweifelsohne die Liebe des Sängers zu seiner Freundin/Frau, die er auf diesem Album so offen wie nie zuvor ausspricht. Er vergleicht sie auf diesem Song mit einer Prinzessin, die zur Königin des Highways wurde. Sich selbst stellt er als ein in schwarzes Leder gekleidetes

Monster dar, dem es nicht gelang, die Prinzessin/Königin zu retten. Sie war "lost", wie schon viele vorher.

In einer weiteren Strophe spielt er mit übermütigen Zukunftsphantasien: Hochzeit, Nachwuchs. In der Schluss-Strophe besingt er die wunderschönen Kinder Amerikas und träumt von einem Sohn, der dann natürlich der "Son of a frontier Indian swirl" ("Sohn eines indianischen Wirbelwindes") ist. In seiner Phantasie beginnt dadurch alles neu und sein Sohn ist aus dem gleichen Geiste geboren wie er selbst, wurde er doch vor über 20 Jahren auch von einer Indianerseele initiiert. Diese Sohn-Vorstellung/Projektion findet auch auf dem Song *Maggie M'Gill* desselben Albums ihren Niederschlag, auf dem er den "illegimate son of a rock'n roll star" (den "unehelichen Sohn eines Rock'n Roll-Stars") besingt.

Morrison, der Gescheiterte, der seine Hoffnungen auf eine Duplikation seiner Selbst projiziert.

Im "real life" schaute das alles leider nicht so rosig aus, denn Pamela wandte sich häufiger von ihm ab, da sie seine extreme Trinkerei und Polygamie auf Dauer nicht ertragen konnte. Pamela fand mehr und mehr Gefallen an einem französischen Grafen, der ihr absolut hörig war und sie wirklich "wie eine Königin" behandelte. Dieser sagenumwobene Graf, der auch Marianne Faithfull zu seinen Geliebten zählte, war ein sehr gewichtiger Grund für ihren Entschluss, im Frühjahr 1970 mit Jim nach Paris zu gehen. Was Morrison anbelangt, so hatte er zu dieser Zeit um die 20 Vaterschaftsklagen laufen, was sein Wohlbefinden nicht gerade steigerte. Soviel zum Thema "illegimate son of a rock'n roll star".

INDIAN SUMMER

(Jim Morrison - Robbie Krieger)

I love you the best

Ein weiterer Lovesong und ein Remake des ersten Songs, den die Doors jemals (als Demo) aufgenommen hatten. Vollkommene meditative Stimmung, absolute Stille und innere Einkehr, transportiert durch ein Musikstück. Robbie Krieger spielt in dem gleichen Open-Tuning wie auf *The End* und verwendet dann auch einige identische Motive aus diesem Song.

Raga-Sound. Morrison klingt hier so unschuldig wie schon lange nicht mehr und seine Vocals haben mehr jugendliche Frische als auf sämtlichen andere Tracks, auf denen sich sein vokales Register immer mehr dem eines alten Bluesmannes annähert.
Eine einfühlsame und emotionale Darstellung im *Indian Summer*, dem wunderschönen Spätsommer.

MAGGIE M'GILL

(Jim Morrison - Robbie Krieger)

Miss Maggie M'Gill, she lived on a hill

Ein Blues, der auch gut auf das nächste Studio-Album *L.A. Woman* gepasst hätte. John Densmore hatte den Keyboarder Ray Manzarek gebeten, den einzigen Blues-Lauf zu spielen, den dieser auf der Gitarre beherrschte. Auf das Ergebnis dieser spontanen Blues-Session setzte Jim Morrison den Text über Maggie M'Gill, mit dem er schon lange herumgespielt hatte, und improvisierte dazu noch ein paar weitere Verse. Im Studio spielte dann wieder Lonnie Mack Bass (siehe *Roadhouse Blues*) und Robbie Krieger steuerte ein paar Slide-Licks bei. Das Ergebnis ist ein sehr straffer Song im Blues-Format, der nicht unbedingt zu den Höhepunkten im Repertoire der Doors gehört, aber dennoch einen eigentümlichen Reiz besitzt. Eigentümlich vor allem wegen der sehr dunklen und kaputten Stimme Jim Morrisons, die meilenweit von dem entfernt ist, was er in den Anfangsjahren der Gruppe präsentiert hatte. Langsam hatte seine Transfiguration zum alten Blues-Mann begonnen (und das mit 26 Jahren). Diesen Aspekt unterstreicht er denn auch, indem er ihn in Worte kleidet:

"Well, I'm an old blues man
And I think that you understand
I've been singing the blues ever since the world began."

"Ich bin ein alter Blues-Mann und ich denke, dass ihr versteht
Ich singe den Blues seit dem Anbeginn der Welt."

Morrison, der alte und weise Blues-Mann, der wieder zu dieser einfachen Form zurückkeh-

ren will, der er sich so stark verbunden fühlt. In einem Interview kündigte Morrison dann die radikale Rückkehr zum Blues an:
"Wahrscheinlich werden die Stücke, die wir jetzt aufnehmen wollen, zurückgehen zum Blues. Land Ho! Spy. Queen Of The Highway. Indian Summer. Maggie McGill. Das können wir am besten. Vielleicht spielen wir sogar ein paar alte Blues-Songs. Einfache Blues-Standards. Es wird guter Blues sein. Nicht wie ein Typ mit Gitarre, der auf Blues macht. Es wird, hoffe ich, elektrischer Blues sein. Du weißt das nie, wenn du ein Album anfängst, es könnte total anders laufen. Aber das ist es, worauf ich drängen werde. Das ist die Musik, die ich am liebsten mag. So was zu singen, macht am meisten Spaß."

THE DOORS
IN CONCERT
DEC. 1st. 7:30 AND 10:00PM
ALSO:
THE CANNED HEAT
TWO SHOWS — ONE NIGHT ONLY–AT
CALIFORNIA STATE COLLEGE, LONG BEACH
(MEN'S GYM) ADVANCE TICKETS ON SALE AT WALLICHS-
MUSIC CITY STORES: $3.00 $4.00 OR AT THE DOOR. ☮

doors

ABSOLUTELY LIVE
(Juli 1970)

House Announcer. Who Do You Love. Medley: Alabama Song./Backdoor Man./Love Hides. Five To One. Build Me A Woman. When The Music Is Over. Close To You. Universal Mind. Petition The Lord With Prayer./Medley. Dead Cats Dead Rats. Break On Through. The Celebration Of The Lizard. Lions On The Street. Wake Up. A Little Game. The Hill Dwellers. Not To Touch The Earth. Names Of The Kingdom. The Palace Of Exile. Soul Kitchen.

Das lang erwartete Live-Album der Doors, dessen Aufnahmen aus der Zeit zwischen August 1969 und Juni 1970 stammen. So handelt es sich leider nur um eine Zusammenstellung von Aufnahmen aus verschiedenen Konzerten, die die Doors denn auch in recht unterschiedlicher Form präsentieren.

Da es sich bei einem Doors-Konzert im Allgemeinen immer um eine recht dramatische Angelegenheit handelte, wäre es interessanter gewesen, man hätte einen authentischen Mitschnitt eines Abends veröffentlicht, bei dem alles ungekürzt wiedergegeben wird (auch Stimmpausen, Publikumsreaktionen und Monologe des Sängers). Obwohl derartige Versatzstücke auch auf *Absolutely Live* enthalten sind, wäre dieses Konzept bei einer so kontroversen Live-Band wie den Doors schlüssiger und aufregender gewesen.

Große Kontroversen gab es wegen des Covers von *Absolutely Live*. Die Band wollte nur eine grobkörnige Rückenansicht der Musiker auf dem Cover. Die Plattenfirma klatschte auf diese atmosphärische Aufnahme jedoch noch ein Farbbild des "alten" Morrison drauf und informierte die Band erst nach der Auslieferung der LP. Morrison soll geschäumt haben. Eine Reaktion auf diesen Vorfall ist das Cover von *L.A. Woman*, der nächsten Studio -LP, auf dem sich Morrison kleiner macht als die anderen Bandmitglieder, um nicht schon wieder im Vordergrund zu stehen, und auf dem er sich geweigert hatte, seinen (unsexy) Bart abzunehmen.

WHO DO YOU LOVE

(Mc Daniel)

Nach einigen (überflüssigen) Ansagen des Veranstalters bricht John Densmore mit dem klassischen "Bo Diddley"-Beat über das Publikum herein, die beiden anderen Instrumentalisten gesellen sich allmählich dazu und grooven sich schließlich in den Klassiker jenes Bo Diddley ein, der mit bürgerlichen Namen Ellas McDaniel hieß: *Who Do You Love*.

An diesem Stück haben sich Heerscharen von Musikern versucht. Die Version der Doors sticht aus dieser Cover-Flut nicht unbedingt hervor. Wer an anderen Versionen dieses Stükkes interessiert ist, dem seien die Originalversion von Bo Diddley oder die gestreckte Live-Version der San Francisco Band Quicksilver Messenger Service empfohlen, die eine ganze Seite ihres Albums *Happy Trail* aus dem Jahre 1969 einnimmt.

MEDLEY:
ALABAMA SONG (WHISKY BAR)

(Kurt Weill - Bertolt Brecht)

BACKDOOR MAN

(Willie Dixon)

LOVE HIDES

(Jim Morrison)

FIVE TO ONE

(Jim Morrison - The Doors)

Alabama Song in einer etwas schnelleren Version als auf dem Studio-Album. Dann der erste Höhepunkt, der den Kauf des ganzen Live-Albums wert ist: Ein Schrei. DER Schrei!

Die Doors beginnen mit dem Intro zu *Backdoor Man* und Morrison stößt etwas Undefinierbares aus dem tiefsten Abgrund seiner schwarzen Seele hervor, was ein Normalsterblicher wohl als Schrei bezeichnen würde, wofür es eigentlich aber keine Worte gibt. Diese Eruption heizt den Song unendlich an und verleiht ihm ungleich mehr Energie als auf der Studioversion. Ferner klingt die Gitarre von Robbie Krieger live um einiges schmutziger und fetter und passt folglich besser in den Rahmen dieses Songs. Aus *Backdoor Man* heraus entwikkelt sich dann eine sanfte Improvisation, auf die Morrison die Verse eines kleinen Gedichtes setzt, das *Love Hides* betitelt ist. Nach der Wildheit des *Backdoor Man* klingt diese kurze Sequenz sehr lyrisch und beweist, wie großartig die Doors live mit verschiedenen Dynamikstärken umgegangen sind. Sie waren Meister darin, einem auralen Urschrei ein sanftes Flüstern folgen zu lassen und beherrschten darüber hinaus sämtliche Zwischenstufen.

Auf dieses kurze Intermezzo folgt dann der altvertraute 4/4 -Beat von *Five To One*.

Bei dieser Live-Version wird sehr schön mit Pausen gespielt, die von den Doors des öfteren bis zur Unerträglichkeit gestreckt werden. Ein interessantes Spiel mit dem Publikum, ein Spiel mit dem Unberechenbaren und Unvorhersehbaren, das sehr gut zur Gesamthaltung dieser Band passt: So glich kein Konzert dem anderen: Manche waren phänomenal, manche unsagbar schlecht. Jedoch handelte es sich immer um ein einmaliges, nicht mehr reproduzierbares Ereignis, bei dem die Setlist meist während des Konzertes spontan strukturiert wurde. Aus diesem Grund gab es auf der Bühne viele Male lange Diskussionen darüber, welcher Song denn als nächstes intoniert werden solle. Dies alles machte aus einem Konzert der Doors ein wirkliches Live-Erlebnis, lebendig im wahrsten Sinne des Wortes. Dadurch, dass bei dieser Band so viel auf Improvisation und Spontaneität beruhte, war diese in der Lage, die "Magie" des Momentes einzufangen und sich davon treiben zu lassen.

Morrison erklärte bei der Veröffentlichung dieses Live-Albums, dass hier obere Mittelklasse auf Tape gebannt wurde (die jedoch noch immer spektakulärer klingt als 90 % all dessen, was in der Rockmusik als Live-Album verkauft wurde).

BUILD ME A WOMAN

(Jim Morrison - The Doors)

Ein netter Boogie, der auf keiner Studio-LP veröffentlicht wurde und musikalisch sehr unspektakulär ausfällt. Eine Jam-Session im Songformat, bei der Robbie Krieger leider ein herrlich uninspiriertes (und daher viel zu langes) Gitarrensolo spielt. Ein Song mit Warm-Up Charakter.

Die Lyrics erzählen ironisch von einer über drei Meter großen Superfrau, die erst einmal ge-

schaffen werden solle. Eine, die man die ganze Nacht vögeln kann ("Build me someone I can ball all night long"). Es ist interessant, dass Morrison immer wieder darauf verfiel, sein Image als dauergeiler Hengst in aller Öffentlichkeit zu zelebrieren. Jenes Image, dem er doch so stark zu entrinnen versuchte. Gleichzeitig ist aber auch bekannt, dass er zu diesem Zeitpunkt schon an Potenzstörungen litt. Der Alkohol forderte seinen Tribut. Nett ist folgende Anekdote, die besagt, dass Pamela Courson nach einer in Alkohol ertränkten Nacht mit Morrison diesen schönen Satz an den Badezimmerspiegel geschrieben haben soll: "Es gibt Sexsymbole, die keinen mehr hochkriegen."

Zwei sehr ironische Zeilen von *Build Me A Woman* wurden für die Platten-Veröffentlichung aber leider gedroppt, da sie nun doch zu anstößig klangen:

"I'm a Sunday trucker Christian motherfucker I'm a three-eyed boy looking for a twelve-toed girl."

"Ich bin ein Sonntags-Trucker, ein christlicher Motherfucker Ich bin ein dreiäugiger Junge auf der Suche nach einem zwölfzehigen Mädchen."

Klingt in den Zeiten des Gangsta-HipHop ziemlich gediegen, hätte damals aber wieder enormes Aufsehen erregt. America, the beautiful ...

WHEN THE MUSIC'S OVER

(Jim Morrison - The Doors)

Eine ausgedehnte Live-Version dieser Hymne der Doors. Musikalisch roher und insgesamt lebendiger als auf der LP *Strange Days*. Gespickt wird diese Version von ein paar netten Einlagen: Als der Song zu dem "We want the world ..."-Teil kommt, reduziert sich die Musik zu einem Flüstern, bei dem man nur noch das Zweitonmotiv von Manzarek's Orgel vernehmen kann. Im Gegensatz zu der beschwörenden Stille der Musik verhält sich das Publikum aber ungebührlich lebhaft. Das passt Morrison überhaupt nicht und er schreit laut "Shut Up!!!". Dem Publikum gefällt diese Art von Publikumsbeschimpfung jedoch und es applaudiert heftig. Daraufhin erteilt Mr.

Morrison seinen Zuhörern ein paar Lektionen in Sachen guten Benehmens und es wird langsam still im Publikum. Mitten in diese Stille hinein kommt nun Morrison mit seiner "We want the world ..."-Parole. Doch diese bringt er anders als auf der Studio-LP, denn die Fans singen nun genau an der falschen Stelle das Wort "Now!", was Morrison bestimmt unheimlich amüsiert haben muss. Und genau in diese Verwirrung hinein stimmt er sein "Now!" mit einem markerschütternden Schrei an, der dieser an sich dämlichen Parole etwas Großes und Erhabenes verleiht und den ganzen Song elektrifiziert. Gegen Ende des Songs sagt Morrison auf einmal: "Nun, das ist euer New York. Die einzigen, die auf die Bühne kommen, sind Schwule." Was war passiert? Ein junger Mann hatte sich auf die Bühne geworfen und Morrison an den Beinen umklammert.
Diese beiden Beispiele veranschaulichen, wie stark die Doors und vor allem Morrison immer wieder das Publikum in ihre Live-Darbietungen miteinbezogen haben, da es ihnen ein großes Anliegen war, diesen unsichtbaren Schutzwall zwischen Band und Publikum zu durchbrechen und eine neue, direktere Art von Konzerterlebnis zu kreieren.

CLOSE TO YOU

(Willie Dixon)

Ein weiterer Blues von Willie Dixon (*Backdoor Man*). Lustig an dieser Version ist, dass der Song von kurzen Monologen Morrisons eingeleitet wird, auf die immer eine Art Tusch von Manzarek folgt. Durch dieses Frage-Antwort Spiel wird der Passage ein sehr ironischer, beinahe parodistischer Charakter verliehen. Morrison nimmt in diesen Zeilen sämtliche über ihn grassierenden Klischees aufs Korn und parodiert den "bösen" und üblen Ruf, der ihm anhaftet.
Danach steigen die Doors in *Close To You* ein, wobei Ray Manzarek die Lead-Vocals übernimmt, die sehr voluminös klingen; Morrison gibt sich mit der Funktion als Backgroundsänger zufrieden.
Klassische Blues-Rock-Nummer mit viel Drive, aber letztlich doch nur eine kleine Fingerübung und die Möglichkeit, den großen Vorbildern des Blues eine weitere Referenz zu erweisen.

UNIVERSAL MIND

(Jim Morrison - Robbie Krieger)

Ein Song der Doors, der auf keiner Studio-LP veröffentlicht wurde; das verwundert, denn *Universal Mind* hätte auf jeder Studio-LP zu den absoluten Höhepunkten gezählt. Die Doors spielen hier so wunderbar elegisch wie auf ihren besten Balladen (wie bei *The Crystal Ship*, *People Are Strange* oder *Yes, The River Knows*). Für diesen Song zaubern sie wieder scheinbar mühelos diese Melange aus europäischer Klassik- und amerikanischer Blues/Rock-Tradition herbei.

Jim Morrison beschreibt in den wunderbaren Lyrics seine Mutation zu dem, der er geworden war : dem absoluten Fremden. Einst, da lebte er im "Universal Mind", im "Weltengeist". Das war die Zeit vor den Doors, die Vorbereitung auf eine der größten theatralischen Inszenierungen, die die Rockmusik jemals gesehen hatte. Ihm ging es zu jener Zeit sehr gut und er vermochte es ohne weiteres, die richtigen Schlüssel für die richtigen Türen zu finden, die er dann öffnete und dadurch vielen Leuten zur (inneren) Befreiung verhalf. Dann erfolgte der Einstieg in das Showgeschäft, denn jemand kam mit einem "suitcase and a song" vorbei und dieser Song musste natürlich gesungen werden. Der Anfang war glorreich, aber schließlich wurde alles von den Medien und Fans so hochgepuscht, dass es nichts mehr mit der eigentlichen Intention zu tun hatte. Die Türen ließen sich immer schwieriger öffnen, weil mehr und mehr Leute den Weg verstellten. Und irgendwann kam die bittere Erkenntnis, dass sehr viel Lüge zu diesem ganzen Spiel gehörte. Ein Ausschnitt aus einem Interview von 1968 fasst noch einmal diese ursprüngliche Intention zusammen und weist bereits auf die Korrumption derselben durch das Umfeld hin, was nur in Absurdität münden konnte:

"Ich glaube, dass Kunst, die wie die Schönheit ist, die Enthüllung der Schönheit ist, Schönheit ist absolut, verstehst du? Und ich glaube, sie wurzelt in einer interesselosen Wahrnehmung der wirklichen Welt. Eine Ausgeglichenheit, eine Balance zwischen Objekt und Empfänger, wie eine Enthüllung der Welt ohne irgendeine Konnotation. Gar keine, kein Scheiß. (...) Wenn mich Leute etwas fragen, dann sage ich ihnen, wo's langgeht, wieder und wieder. Das ist meine Per-

spektive. Aber das ist nur ein Teil davon; nicht das ganze Ding und nicht die ganze Antwort. Da ist ein bißchen mehr dahinter. Ich glaube, es gibt eine Unter-Welt, in der alle schlafen. Diese ganz andere Welt, die alle zu vergessen versuchen, an die wir uns aber erinnern, plötzlich weiß das jeder. Doch die Leute lieben das Spiel. DAS SPIEL. Sie stehen echt drauf, und keiner darf zugeben, dass es ein Spiel ist. Keiner. Wenn sie es täten, würden sie das Spiel ruinieren."

Das sind die Worte von jemandem, der einst "im Weltengeist" eingesperrt war. Doch dies konnte nur eine kurze Zeit währen. Jetzt, nachdem er das Spiel verlassen hat und die wirkliche Welt im wahrsten Sinne des Wortes "interesselos wahrnimmt", jetzt ist er der einsamste Mensch, der keine Zuflucht mehr in dieser "wirklichen Welt" finden kann:

"Now I'm so alone, just looking for a home in every face I see"

"Jetzt bin ich so allein und suche in jedem Gesicht, das ich sehe, eine Heimat"

Jetzt ist er der "freedom man", der Mann der Freiheit. Einer Freiheit, die in ihrer Radikalität jedoch nurmehr grausam ist.

BREAK ON THROUGH NO. 2

(Jim Morrison - The Doors)

Dieser erste Hit der Doors wird in der Live-Version um zwei zusätzliche Komponenten erweitert. Eröffnet wird die Neuinterpretation mit einer Spoken Word-Rezitation vom Hauptakteur, der hier die Anfangssequenz aus dem Song *The Soft Parade* deklamiert ("When I was back there in seminary school ..."). Inwieweit der Inhalt dieser Verse zum Kontext von *Break On Through* passt, sei an dieser Stelle einmal in Frage gestellt.

Danach jammt die Band auf dem Riff von *Break On Through* und Morrison bringt ein paar offensichtlich improvisierte Strophen über "dead cats, dead rats", die das Gehirn des Soldaten aussaugen und über einen "fat cat with a tophat" ("fetter Typ mit Zylinder"), der glaubt ein Aristokrat zu sein und daher morden und schlachten zu dürfen. Diese Passage mündet

schließlich in die Erkenntnis, dass dies alles "crap" ("Scheisse") sei.
Es ist unschwer zu verstehen, gegen wen sich diese hasserfüllten Strophen richten. Der fette Typ mit Zylinder, der große Gemetzel veranstaltet, ist Uncle Sam himself, der Typ vom Plakat, die Personifikation der U.S.Army. Derjenige, dem der Rekrut seine Seele verkauft.
Nach dieser berechtigten Hasstirade auf die Army und ihre Eskapaden in Vietnam steigen die Doors in *Break On Through* ein und bringen es in einer sehr emotionalen Version.
Obwohl die drei Teile dieser Version scheinbar zusammenhangslos erscheinen, stellen sie den Gehalt des Originalsongs doch in einen anderen Zusammenhang. Durch diese kontextuelle oder perspektivische Verschiebung erzielen sie den Effekt, einem hundertmal gehörten Song einen neuen Rahmen zu erschaffen, der die Routine des "Wiederhörens" zerstört.

THE CELEBRATION OF THE LIZARD

(Jim Morrison - The Doors)

Die Dichterlesung des Poeten Jim Morrison, der zufällig in einer Rockband den Platz gefunden hatte, der ihm ein größeres Forum ermöglichte. Ursprünglich hätte diese Komposition bereits auf der LP *Waiting For The Sun* von 1968 erscheinen sollen, wurde aber dann verworfen, weil die Aufnahme nicht sonderlich inspiriert war (siehe *Not To Touch The Earth*). Jetzt also eine Live-Version. Diese Collage aus Spoken Word und Sound war ein Novum in der Rockmusik, das auch 31 Jahre nach seiner Aufnahme noch einzigartig und innovativ klingt. Doch warum wird hier die "Eidechse" gefeiert? Morrison erklärte das in einem Interview:

"Ich hatte ein Buch über Eidechsen und Schlangen und Reptilien, und der erste Satz darin haute bei mir voll rein: "Reptilien sind die interessanten Abkömmlinge großartiger Vorfahren. Außerdem sind sie ein totaler Anachronismus. Wenn von heute auf morgen jedes Reptil auf der ganzen Welt verschwinden würde, das Gleichgewicht der Natur wäre nicht im Geringsten gestört. Sie sind eine völlig randständige Gattung. Ich denke, dass sie vielleicht, falls irgendeine Kreatur dazu in der Lage wäre, einen weiteren Weltkrieg überleben könnten oder etwas wie die totale Vergiftung des Planeten. Ich denke, Reptilien könnten irgendwie einen Weg finden, das zu überleben. (...) Also, wir sollten nicht vergessen, dass Eidechsen und Schlangen mit dem Unbewussten und mit den Mächten des Bösen identifiziert werden. Das Stück *The Celebration Of The Lizard* war eine Einladung an die dunklen Mächte. Alles mit einem Quentchen Ironie, versteht sich ..."

Wie kann man nun dieses Stück, diese "ironische Einladung an die dunklen Mächte" begreifen? Zuallererst sollte man es auf sich wirken lassen. Bei Poesie ist es manchmal schwierig, Verständnis durch das alleinige Verständnis der Worte zu erzielen. In vielen Morrison-Texten, aber vor allem in diesem wortgewaltigen Monster findet sich eine Bildsprache, in der einzelne Wörter oder Phrasen die Funktion von Schlüsseln haben - Schlüssel, die wiederum Türen des Bewusstseins öffnen. Man nehme zum Beispiel das Wort "snake" ("Schlange"). Dieses Wort per se ist nichtssagend, unbedeutend. Der Schlüssel zum poetischen Verständnis von "snake" liegt in der Kette von Assoziationen, die man damit verknüpft.
Der Psychologe C.G. Jung hat diese Verknüpfungen als "kollektives Unbewusstes" bezeichnet. Wiederum die Welt hinter der Welt, hier eine Welt an Assoziationen, Konnotationen und anderweitigen Verknüpfungen, die hinter der Welt der Sprache liegen. Morrison erklärt den Gebrauch des Wortes "snake" auf folgende Weise:

"Es gibt etwas tief in der menschlichen Erinnerung, das auf Schlangen reagiert. Sogar, wenn man niemals eine gesehen hat. Ich glaube, eine Schlange verkörpert einfach alles, was wir fürchten."

Morrison ist ein Meister im Gebrauch dieser Symbole, die oftmals eher einer Art von Traumbewusstsein gleichen denn der "real world".
Grundsätzlich muss die Bereitschaft vorhanden sein, sich auf diese Art von Traumrealität einzulassen, um dann schließlich die Verknüpfung zu dem zu finden, was wir gemeinhin als "real world" bezeichnen. Das als Vorwort zu *The Celebration Of The Lizard*.

Das Stück ist in sieben Abschnitte gegliedert, auf die nun isoliert eingegangen werden soll:

1. LIONS IN THE STREET:

Die Einleitung, das Rascheln von Marrakas und dazu das schwere Atmen/Stöhnen/Keuchen von Morrison. Dann der Einleitungstext: Jemand verließ die Stadt, verließ seine tote Mutter, verließ das Chaos und die Unordnung, ging gen Süden und überschritt die Grenze (nach Mexiko). Eines Tages erwachte er in einem grünen Hotel und neben ihm lag eine seltsame Kreatur, von deren glänzender Haut Schweiß tropfte. So beginnt die Zeremonie. Jim Morrison zeichnet hier den Weg von der "wirklichen Welt" in die vorher beschriebene Traumwelt nach. Das Überschreiten der Grenze im doppelten Sinne: dem konkreten (nach Mexiko) und dem metaphorischen (von einer Form der Realität in eine andere). Danach die Konfrontation mit einer völlig absurden Situation: das Erwachen neben einer seltsamen, glitschigen Kreatur = das Erwachen in der Traumwelt, die aber letztlich in ihrer unendlichen Dichte und in ihrem Variationsreichtum der eigentlichen Realität, wie sie der Mensch in seinem Geist erfährt, um vieles näher ist als der alltäglich neu gestartete Versuch, dieser wirklichen Welt durch Objektivität und Rationalität zu begegnen.

2. WAKE UP:

Jetzt ein plötzlicher Schrei, dieses von Morrison so geliebte "Wake Up" - das Aufwachen aus jener Welt hinter der Welt, in der alle schlafen (siehe *Universal Mind*). Das glitschige Monster des ersten Teiles entpuppt sich nun als Schlange.
Das Erwachen, das Morrison hier beschreibt, gleicht dem Erwachen innerhalb eines Traumes oder das Erwachen aus einem Traum, der sich jedoch innerhalb der Grenzen eines anderen Traumes vollzogen hat. Die vielen Ebenen des Träumens, die den Schriftsteller Edgar Allan Poe, übrigens eines von Morrison's vielen Vorbildern, dazu gebracht hatte, das menschliche Leben mit einem "Traum innerhalb eines Traumes" zu vergleichen.
Auf dieses schaurige Erwachen setzen die Doors ebensolche Dissonanzen und der Gesamteindruck dieses Teiles ist der einer endgültigen Fahrt in den Wahnsinn, bis dem Gan-

zen ein apruptes Ende gesetzt wird:

3. A LITTLE GAME:

Jetzt folgt ein einziger Orgelton von Ray Manzarek, der unablässig wiederholt, harmonisiert und später von der ganzen Band aufgefangen wird.
Morrison erzählt nun von dem kleinen Spielchen, das er im zweiten Teil exemplarisch durchgespielt hatte und das sich "Go Insane" ("Verrücktwerden") nennt. Bei diesem Spiel muss man sich lediglich in das eigene Gehirn verkriechen, die Augen schließen und den Namen, die Welt und die Menschen vergessen. Dabei gibt es nach Morrison's Aussage nichts zu verlieren und er ist bereit, jeden auf diesem Trip zu begleiten, an dessem Ziel etwas Neues und Erhabenes steht ("a different steeple").
Der Prozess des langsamen Verrücktwerdens als Metapher für eine innere Schau, einen Blick in die tiefsten und dunkelsten Abgründe des eigenen Selbst, dort, wo all die Schlangen und Eidechsen hausen.

4. THE HILL DWELLERS:

Die Reise ins eigene Gehirn geht weiter. Wir verlassen nun das Land des Schmerzes und bewegen uns immer weiter in die Windungen des Gehirns hinein, in unser ureigenes Mysterium, bei dem wir auf die nicht-irdische Gegenwart ängstlicher Bergbewohner und Reptilien stoßen und in einen Strudel hineingezogen werden, in dem wir sogar unserer Kindheit und den darin verborgenen Bildern begegnen, die wir zum ersten Mal wieder richtig sehen können, da wir sie nicht aus der Gegenwart heraus betrachten. Doch plötzlich wird dieser Strom abgebrochen, da wir jetzt vor einem grausamen Blutbad stehen. Wir müssen flüchten. Soeben wurden wir mit unserem ureigensten Trauma konfrontiert. Wir müssen weg, weg, weg.

5. NOT TO TOUCH THE EARTH:

Dabei dürfen wir weder die Erde berühren noch in das Angesicht der Sonne schauen. Alles, was bleibt ist so schnell wie möglich zu rennen. Hinauf zur warmen und komfortablen Villa, vor der jedoch ein Auto geparkt steht, in dem sich der Leichnam des Präsidenten befindet, also weiter, weiter, weiter, in den Osten, um den Zaren zu treffen, vorbei an den Outlaws, die am Ufer eines Sees leben, vorbei an der Pfarrerstochter, die in eine Schlange verliebt ist, vorbei an all diesen schrecklichen Bildern, aufwachen, bald sind wir zu Hause, während die Sonne auf uns herabbrennt, bald, bald, bald sind wir zu Hause.

6. NAMES OF THE KINGDOM:

Langsam kehren wir zurück, die Flüsse und Straßen hinab, zurückkehrend von Wäldern und Wasserfällen. Nun können wir endlich das Königreich benennen. Wir sind jetzt ein anderer.

7. PALACE OF EXILE:

Zurück vom liederlichen Palast der Verbannung. Zurück im Land der Aufrichtigen, Starken und Weisen. Jetzt senkt sich langsam die Nacht über uns, ein jeder ziehe sich in sein Zelt und in seine Träume zurück und komme wieder in der Stadt seiner Geburt an, wohl darauf vorbereitet. Ende der Reise.

Morrison geht in diesen Versen zum Äußersten und dringt weiter in jenes Mysterium der Existenz ein, das so vielen Menschen fremdartig erscheint, da es mit rationalen Mitteln nicht nachvollziehbar ist.

Manche werden sagen, es handle sich hier lediglich um die Beschreibung eines Drogentrips. Aber diese Art der Argumentation ist müßig. Denn wenn ein phantastischer Traum beschrieben wird, dann argumentiert niemand, es handle sich lediglich um die Beschreibung eines Traumes. Wichtig ist die Erfahrung, die jemand gemacht hat und nicht die Art und Weise, wie er zu dieser Erfahrung gekommen ist. Wichtig ist darüber hinaus, diese Erfahrung in Verse zu kleiden und sie so dem Rest der Welt zugänglich machen zu können.

Morrison ist hier tief in etwas eingedrungen, das nur der versteht, der keine Angst vor dem Spielchen hat, das man "Go Insane" nennt.

Die Feier der Eidechse, Beschwörung uralter Ängste, Wünsche und Träume.

SOUL KITCHEN

(Jim Morrison)

Zum Abschluss einer immer wieder interessanten Live-LP nochmals einer der Hits des Debütalbums, die schaurige Ballade von der Seelenküche, dargeboten in einer pulsierenden Live-Version. Punkt. Aus. Schluss. Learn to forget.

DOORS
L.A.WOMAN

L.A. Woman

(April 1971)

The Changeling. Love Her Madly. Been Down So Long. Cars Kiss By The Window. L.A. Woman. L`America. Hyacinth House. Crawling King Snake. The Wasp (Texas Radio And The Big Beat). Riders On The Storm.

Während der Sessions zu *L.A. Woman* verlor Paul Rothchild, der Produzent der Doors, endgültig seine Nerven. Er konnte in dieser Gruppe keine kohärente Einheit mehr sehen und glaubte nicht mehr an das Wunder, Jim Morrison wieder zu Höchstleistungen inspirieren zu können. Darüber hinaus warf er der Band vor, Stücke wie *Riders On The Storm* klängen wie Cocktail-Jazz. Frustriert und müde von der Zusammenarbeit mit den Doors warf er das Handtuch.

Die Band machte schließlich aus der Not eine Tugend und produzierte ihr letztes Album in Eigenregie. Das bandeigene Büro wurde zu diesem Zweck zu einem Aufnahmestudio umfunktioniert. Bruce Botnick, der bei jeder Doors - LP hinter dem Mischpult gesessen hatte, leistete auch auf *L.A. Woman* eine wertvolle Arbeit als Engineer. Darüber hinaus wurde noch Jerry Scheff, der Bassist von Elvis Presley, und Marc Benno, ein Rhythmusgitarrist für die Aufnahme engagiert. Die Verwurzelung im Blues wurde noch stärker betont als auf *Morrison Hotel* und resultierte auch aufgrund des beinahe telepathischen Zusammenspiels der einzelnen Musiker in einem sehr groovigen Sound, der wirklich die Grundlage für eine innovative Weiterentwicklung des Blues-Rock hätte werden können. Das, was Jim Morrison über seine Vorstellung einer modernen Blues-LP angekündigt hatte, war wahr geworden (siehe *Maggie McGill*).

THE CHANGELING

(THE DOORS)

I live uptown

Das erste Stück, *The Changeling, klingt wie* eine Mischung aus erdigem Swamp-Rock und elektrifizierter Großstadthitze. Die Doors hatten auf ihren ersten beiden Studio-Alben einen neuen Sound präsentiert, den die Rockwelt so noch nicht gehört hatte. Auf ihrer dritten und vierten LP wurde dieser Sound variiert und verschiedenen experimentellen Behandlungen unterzogen. Auf *Morrison Hotel*, ihrem fünften Album, schien ihr Sound langsam wieder klarere Konturen zu gewinnen, hinterließ aber dennoch des öfteren einen fahlen und langweiligen Nachgeschmack (siehe *Roadhouse Blues*, *You Make Me Real*, *Ship Of Fools*). Auf *L.A. Woman* wurden die auf *Morrison Hotel* angedachten Soundscapes schließlich zu einem kohärenten Ganzen weiterentwickelt. Die Doors hatten endlich einen neuen Sound gefunden. Dieser Sound ist echt, hart und schneidend und beruht nicht mehr so stark auf vordergründig eingesetzten Dissonanzen oder anderen netten, aber oftmals überflüssigen musikalischen Versatzstücken. Dem Bass wird noch mehr Raum als auf *Morrison Hotel* gewährt und so füllt *L.A. Woman* ein ganz anderes Frequenzspektrum aus als die Vorgängeralben. Dieses ultra-tighte Zusammenspiel, diesen Groove, der zwar erdig, aber doch auch entrückt klingt, kann man auf *The Changeling* sehr gut nachvollziehen. Von Hendrix sagte jemand, er spiele Delta-Blues, aber dieses Delta liege irgendwo auf dem Planeten Saturn. In dieser Art heben sich auch die Doors auf Songs wie *The Changeling* deutlich von dem ab, was zu dieser Zeit an Blues-Rock produziert wurde. Die Lyrics auf *L.A. Woman* sind ein Fall für sich, da es sich um die letzten von Jim Morrison zu Lebzeiten veröffentlichten Songtexte handelt. Man könnte hier das salbungsvolle Wort "Vermächtnis" anwenden. Es ist bekannt, dass Morrison in jeder Phase seines Lebens gerne über den Tod gesprochen hatte und beizeiten gar von diesem Thema besessen gewesen war. Doch im Jahr 1971 soll er dieses Flirten mit dem Tod, mit der Vorstellung des Todes, immer mehr verstärkt haben. Und so handelt es sich auf vielen Liedern dieses Albums leider um propädeutische Songs. Jim Morrison

muss gewusst haben, dass dies sein letztes Album werden würde. Natürlich handelt es sich hier um eine tollkühne These, deren Gegenteil jedoch gleichfalls nicht beweisbar ist.
Diese Anspielungen auf seinen Tod häufen sich auch auf *The Changeling*, in dem Morrison noch einmal von seiner metamorphotischen Struktur berichtet.
Jemand, der ein *Changeling* ist, wechselt unablässig seine Form. Das menschliche Chamäleon, das in dem Bewusstsein lebt, dass der Wandel die einzige Konstante der irdischen Existenz darstellt:

"I'm leaving town
on the midnight train
Gonna see me change"

"Ich werde die Stadt
mit dem Mitternachtszug verlassen
Ihr werdet sehen,
wie ich mich verändere"

Dieses Verlassen der Stadt war bereits bekannt, da Morrison schon lange mit dem Gedanken gespielt hatte, Los Angeles zu verlassen und für eine unbestimmte Zeit nach Paris, der Stadt der großen Künstler und Literaten, zu gehen.
Fest stand auch, dass er durch diesen äußeren Wandel ebenfalls seine Lebensgewohnheiten verändern wollte. Gewohnheiten, die unter anderem darin verwurzelt waren, dass Morrison ein allgemein anerkannter und populärer Popstar war, der mit seinem Image nicht mehr zurechtkam. Ein Image allerdings, das er sich in den Anfangsjahren der Band selbst geschaffen hatte.
Fest stand auch, dass er immer stärker unter gesundheitlichen Problemen litt und schon vor seiner Abreise nach Paris ein paar Mal Blut erbrochen hatte. Fest stand allerdings auch, dass er keinen wirklichen Ausweg mehr gesehen hatte und auf eine Lösung wartete, die jenseits des begrenzt-menschlich Vorstellbarem liegen sollte (siehe *Waiting For The Sun*, *Morrison Hotel*).
Und es stand fest, dass er schon seit langem eine sich ihm unheimlich nähernde Präsenz gespürt hatte (siehe *Shaman's Blues*, *The Soft Parade*).
Dennoch verspricht er auf *The Changeling*, wie sehr er zur Veränderung fähig sei.
Dieses Versprechen nimmt jedoch groteske Züge an, wenn man genau darauf achtet, wie er

sein Wesen nach der noch zu vollziehenden Wandlung definiert:

"I'm the air you breathe
Food you eat
Friends you greet
In the swarming street"

"Ich bin die Luft, die ihr atmet
Die Nahrung, die ihr zu euch nehmt
Die Freunde, die ihr grüßt
In der bevölkerten Straße"

Hieraus wird ersichtlich, dass Morrison nicht von einer irdischen Wandlung spricht, sondern von etwas anderem, geisterhaften. Ein Eingehen in die Welt der Schatten, in eine existentielle Form, deren Wesen das Wandelbare ist.
Bei jedem anderen Rocksänger wären derartige Interpretationen übertrieben. Sie passen jedoch perfekt bei Morrison, dessen ganzes Leben auf den Tod ausgerichtet war und der zum Schluss nicht mehr zwischen Inszenierung und Realität unterscheiden konnte / wollte - am Anfang war er derjenige gewesen, der den "Lizard King" darstellte wie ein Schauspieler, der seine Rolle spielt. Irgendwann erreichte er den Punkt, an dem er seine Masken nicht mehr von sich selbst lösen konnte. Er spielte jetzt nicht mehr den Ödipus (oder den Hamlet oder den Faust oder den Odysseus), sondern war selbst zu einer Tragödienfigur geworden. Er lebte seine Tragödie. Viele andere schrieben sie auf, nachdem er sie schon längst beendet hatte.

LOVE HER MADLY
(THE DOORS)

Don't you love her madly?

Obwohl die Doors auf *L.A. Woman* die Urheberrechte für ihre neuen Songs nicht mehr den individuellen Bandmitgliedern zuteilten, sondern (wie auf den ersten drei Studio-Alben) der ganzen Band, handelt es sich hier zweifelsohne um eine Robbie Krieger-Komposition und um Robbie Krieger-Lyrics.
Love Her Madly klingt sehr fröhlich und unbeschwert, beinahe wie Kompsitionen aus den Anfangsjahren der Gruppe. Alles ist sehr eingängig, die Musik besitzt einen treibenden Beat und klingt doch wieder verspielt, was vor

allem an der Orgel von Manzarek liegt, der hier etwas naiv-kindliches anhaftet. Natürlich war dieser Robbie Krieger-Song die erste Hit-Single eines Albums, das ansonsten so klingt, als hätten derartige kommerzielle Überlegungen keine große Rolle mehr gespielt. Krieger war ja immer schon ein garantierter Hit-Lieferant, den mehr das kommerzielle denn das künstlerische Potential eines Songs interessierte (siehe *Touch Me* auf *The Soft Parade*). Und doch gelingt es Morrison auch auf dieser Aufnahme nicht mehr, seine Stimme so unbeschwert wie früher klingen zu lassen, obwohl er sich redlich bemüht. Zu viele Risse und Brüche sind hörbar. Den Popsänger Morrison gab es zu jener Zeit nicht mehr, auch auf *Love Her Madly* spricht der "old bluesman", der den Blues schon seit Anbeginn der Zeit singt. Eine nette Popsingle einer Band, deren Sänger aber auch einen netten Popsong zu einer klaustrophobischen Vision werden ließ. Morrison hatte abgeschlossen. Krieger wollte das offensichtlich nicht verstehen.

BEEN DOWN SO LONG
(THE DOORS)

Well, I've been down so goddam long

Der Titel wurde vom Buch "Been Down So Long ..." von Richard Farina geklaut, einem Roman, der in den 60ern erschien und von dem auch Morrison sehr angetan war. Farina war eigentlich Folk-Sänger und trat im Umfeld von Bob Dylan in Erscheinung.
Been Down So Long ist ein sehr schwerer Blues, dem jene emotionale Authentizität anhaftet, die man vor allem auf älteren Aufnahmen dieses Genres findet. Morrison singt hier, als hinge sein Leben davon ab. Und wieder wendet er sich an diesen unbekannten Wächter, der die Macht hat, über sein Schicksal zu verfügen:

"I said warden, warden, warden
won't you break your lock and key
Yeah, come along here, mister
Come on and let the poor boy be"

"Ich sagte Wärter, Wärter, Wärter

brich doch endlich Schloss und Riegel
entzwei
Komm her, Mister
Komm her und lass den armen Kerl in Ruhe"

Jim Morrison, der ausbrechen will, immer wieder. Ein Mann, der derart stark in der Falle steckt und sich von imaginären Gefängnismauern so umgeben fühlt, dass er sich direkt an einen vermeintlichen Wärter wendet, der ihn doch endlich freilassen möge. Doch wer ist dieser Wärter, dieser Herr über sein Geschick? Einer jener "Herren", die er in seinem Gedichtband "The Lords" so treffend beschreibt:

"The Lords. Events take place beyond our knowledge or control. Our lives are lived for us. We can only try to enslave others. But gradually, special perceptions are being developed. The idea of the 'Lords' is beginning to form in some minds. We should enlist them into bands of deceivers to tour the labyrinth during their mysterious nocturnal appearances. The Lords have secret entrances, and they know disguises ..."

"Die Herren. Ereignisse vollziehen sich jenseits unseres Wissens oder unserer Kontrolle. Unsere Leben werden für uns gelebt. Wir können nur versuchen, andere zu versklaven. Aber langsam werden spezielle Wahrnehmungen entwickelt. Die Idee von den 'Herren' beginnt sich in einigen Köpfen zu formen. Wir sollten sie zu Banden von Wahrnehmenden zusammenstellen, um das Labyrinth während ihrer mysteriösen nächtlichen Erscheinungen zu durchstreifen. Die Herren kennen geheime Eingänge, und sie haben Verkleidungen ..."

Jim Morrison war sich ständig dessen bewusst, dass das Leben für das Gros der Menschheit gelebt wird. So sind alle versklavt, die nicht jenen "Herren" angehören, die geheime Eingänge (in die Köpfe der Menschen) kennen und es verstehen, die richtigen Schlüssel zu bewegen. Die Herren, Wächter über das alltägliche Spektakel aus Brot und Spielen, das die Menschen daran hindert aufzuwachen.
Jim Morrison schreit diese Herren Wächter an. Jim Morrison ist verzweifelt. Jim Morrison kann nicht mehr - findet keine schönen Worte mehr dafür, sondern wendet sich direkt an die Herren Wächter und ersucht sie um Erlösung:

"Come on and set me free"

"Kommt schon und befreit mich"

CARS HISS BY MY WINDOW
(THE DOORS)

The cars hiss by my window like the waves down on the beach

Ein gespenstischer Slow-Blues. Die Doors klingen wie eine uralte Blues-Band, die in einem Saloon einer verlassenen Stadt für die Geister der Toten zum Tanze aufspielt. Gegen Ende des Songs imitiert Morrison mit seiner Stimme ein Blues-Solo einer elektrischen Gitarre und schlägt dabei seinen Gitarristen Robbie Krieger um Längen. In den Lyrics vergleicht er die unter seinem Fenster vorbeifahrenden Autos mit Wellen am Strand. Er liegt im Bett und hat sein Mädchen an seiner Seite, aber sie erscheint ihm unerreichbar. Er kommt nicht mehr zu ihr durch. Scheinwerfer illuminieren das Zimmer, dessen Fenster plötzlich durch einen riesigen Knall erschüttert werden. Dem in dieser Szenerie gefangenen Protagonisten bleibt nichts anderes mehr übrig als seinem Mädchen, der er sich gänzlich entfremdet hat und die zu keiner (sexuellen) Kommunikation mehr bereit ist, den Tod zu wünschen:

"Ah, cold girl I'll kill you in a darkened room"

"Kaltes Mädchen, ich werde dich in einem finsteren Raum töten"

Jim Morrison ist der Fremde, dem sich der Bereich der menschlichen Kommunikation entzieht. Der ein Gefangener seiner eigenen Entfremdung ist. Die einzige Lösung auch hier der Tod, allerdings nicht sein eigener. Der Tod, um diese Entfremdung und Unfähigkeit zu realer Kommunikation zu überwinden, zu durchbrechen. Oder einfach ein Mann, der sich nach einer letzten Dosis Zärtlichkeit sehnt, die ihm jedoch verwehrt wird. Es bleibt auch diesmal keine Hoffnung. Die Geister wollen nicht schweigen.

L.A. WOMAN

(THE DOORS)

Well, I just got into town about an hour ago

Das Titelstück des Albums, ein über sieben Minuten langer Trip durch L.A. (und weiter). In einer Kurznotiz zu diesem Album benennt Morrison denn auch nochmal diese Stadt der Engel: "Die Songs haben viel mit Amerika zu tun und damit, was es bedeutet, heute in Los Angeles (L.A.) - man kann erweitern: In den Vereinigten Staaten - zu leben. (Für mich war Los Angeles immer der Mikrokosmos der USA, deren genetischer Plan). Ursprünglich kam ich hierher, um Filme zu machen. Für mich ein glücklicher Zufall, denn ich sammelte Erfahrungen und hatte ein Medium für meine Ideen. Zugleich gewann ich dadurch die Möglichkeit, einen persönlichen Mythos zu modellieren, im großen und ganzen aus spätpubertären Phantasien. Ich bin nicht verrückt. Mein Interesse gilt der Freiheit. Alles Gute. Jim Morrison."

Los Angeles als genetischer Code der USA. Morrison streift in dem Song *L.A. Woman* durch diese von ihm gleichermaßen geliebte und gehasste Stadt, als wäre es das letzte Mal. Freunde erinnerten sich daran, dass er vor seiner Abreise nach Paris genau das getan hatte: L.A. ein letztes Mal zu erkunden, ausführlich zu durchstreifen, alte Freunde und vor allem ehemalige Geliebte anzurufen, eine weitere Serie von One-Night-Stands zu initiieren, ausgiebig die alten Stammkneipen aufzusuchen und all die weiteren Dinge, die jemand macht, der sich für eine sehr lange Zeit verabschieden will. Denn letztendlich war es ihm bewusst, dass er nie mehr zurückkehren würde. *L.A. Woman*, der finale Gruß an seine Heimat, die er nach endlosen Jahren der Odyssee schließlich gefunden hatte.

L.A. Woman ist ein musikalisches Meisterwerk. Die große Stärke dieses Songs liegt darin, ständig Spannung aufzubauen und anschließend wieder aufzulösen. So ähnelt diese musikalische Reise einer Fahrt durch die Stadt, der hier ein großes Denkmal gesetzt werden soll und der Morrison schon allein dadurch seine Referenz erweist, dass er sie als "woman" personifiziert.

Die Reise führt uns durch die Hollywood-

te, dass die Gitarre doppelt so laut klang wie der Rest und der Gesang beinahe unhörbar war. Da sie jedoch als "cool" erscheinen wollten, zogen sie diese Darbietung des Songs bis zum Ende durch und erreichten somit ein kakophonisches Klangbild. Antonioni zog von dannen und *L'America* wurde nie für "Zabriskie Point" verwendet. Antonioni bevorzugte dann doch die Musik gemäßigterer Bands wie Pink Floyd und Grateful Dead, auch aufgrund der Tatsache, dass es sich bei "Zabriskie Point" um einen ausgesprochen dämlichen Hippie-Film handelte.
Diese Episode trug sich schon Monate vor den Sessions zu *L.A. Woman* zu, und so verwundert es nicht, dass der Song wie ein kleiner (aber schöner) Fremdkörper in dem ansonsten sehr geschlossen wirkenden Zyklus der Songs auf *L.A. Woman* wirkt. Die Musik besitzt einen leicht surrealen Charakter (der Song sollte ja für Antonioni sein), der jedoch immer wieder durch harmonische Motive konterkariert wird. So entsteht am Ende der Eindruck, man habe hier mehrere Songideen zu einem Song vermischt, was jedoch mitunter sehr aufregend klingt. Die Abkürzung *L' America* steht für Lateinamerika und in den Lyrics werden einige Klischees verbraten, wie der Tausch von ein paar Perlen gegen ein Stück Gold. Müßig zu erwähnen, dass es sich hier um einen Chiffre für einen Drogendeal handelte: "Beads" (Perlen, = Geld) für "Gold" (= Marihuana). Insgesamt kann der Text nicht sonderlich überzeugen, was jedoch nicht stört, hatte man ihn doch für Antonioni geschrieben. Dieser hat ihn nicht verstanden und so hatten alle ihren Spaß. Trotzdem schade, dass Morrison bei diesem Song nicht auf Passagen aus seinen Notizbüchern zurückgriff, die ebenfalls den Titel *L' America* tragen und in weitaus höherem Maße überzeugen können. Ein Ausschnitt:

"L'America
Cold treatment of our empress
L'America
The transient universe
L'America
Instant communion and communication
L'America
Emeralds in glass
L'America
Searchlights at twilight
..."

"L'America

Kühle Behandlung unserer Kaiserin
L'America
Das vergängliche Universum
L'America
Schnell-Kommunion und Schnell-Kommunikation
L'America
Smaragde in Glas
L'America
Suchscheinwerfer im Zwielicht ... "

HYACINTH HOUSE
(THE DOORS)

What are they doing in the Hyacinth House
Das rätselhafteste Lied, der rätselhafteste Text, den Morrison jemals geschrieben hat. So stellte schon die Sängerin und Dichterin Patti Smith 1972 in ihrem Gedicht "death by water" dieses Mysterium dar:

Jim Morrsion. Our leather lamb.
He feared the bathroom. He warned us.
Hyacinth house. How did he know. How did Christ know.
No doubt about it.
A marked man is always the first to know.

Jim Morrison. Unser ledernes Lamm.
Er fürchtete das Badezimmer. Er warnte uns.
Hyacinth House. Woher wusste er?
Woher wusste Christus? Kein Zweifel.
Ein gezeichneter Mensch ist immer der erste der weiß.

Doch was wusste er und was hat das alles mit den Hyazinthen auf sich? Er wusste, dass er würde sterben müssen. Dies wird vor allem klar, wenn man bedenkt, dass er ein paar Monate nach der Aufnahme dieses Songs in einer Badewanne starb. In *Hyacinth House* singt er nun diese eine Zeile, die überhaupt nicht zum Kontext des Songs passen will:

"I see the bathroom is clear"

"Ich sehe, das Badezimmer ist frei"

Die Zeile, die so gar nicht zu dem Song passen will, passt in der Retrospektive perfekt. In einem Song, in dem sein eigener Tod/seine Verwandlung/sein Verschwinden so stark wie in keinem anderen Song verbalisiert wird, sagt Morrison den Ort seines Todes voraus. A marked man is always the first to know. Viele haben diese Zeile als Witz verstanden, da Morrison bei den Gesangsaufnahmen zu dem Album *L.A. Woman* aufgrund des Halls in der Toilette/im Badezimmer gesungen hatte. Aber warum sollte er in einem Song wie diesem einen Witz machen oder etwas Unbedeutendes erwähnen? Was ist nun mit den Hyazinthen, was für ein Haus ist dieses *Hyacinth House*? Die Hyazinthe ist der griechischen Mythologie nach eine Blume, die durch den Tod von Hyacinthus, einem Wettkampfpartner des Gottes Apollo, entstanden ist. Apollo hatte Hyacinthus beim Diskuswerfen aus Versehen getötet. Er weinte um seinen Freund und wünschte sich, dass dieser wieder lebendig werden könne. Doch anstatt des Freundes schoss nun eine Blume aus dem Boden, die seitdem den Namen ‚Hyazinthe' trägt. Morrison spielt hier ein weiteres Mal auf eine Verwandlung an: Etwas stirbt und daraus entsteht eine andere Form. Hyacinthus ist gestorben, aber eine Blume ist an seiner Stelle gewachsen. Die Hyazinthen, Symbol für Mutationen jenseits des Begreifbaren/Verständlichen.

Morrison stellt nun die Frage, was diese Leute denn im "Haus voller Hyazinthen" machten, um den Löwen zu gefallen. Aus dieser mysteriösen Frage heraus erwächst nochmals die eine Erkenntnis, die Morrison schon so lange mitgetragen hatte: Die Erkenntnis, dass er einen neuen Freund brauche, jemanden, der ihn nicht belästigt, jemand der ihn selbst nicht braucht, jemanden, der ihn nicht quält.
Und wieder kommt er auf jene unbekannte Präsenz zu sprechen, die schon so lange hinter ihm her ist und der er nun nicht mehr entrinnen kann:

"I see the bathroom is clear
I think that somebody's near
I'm sure that someone is following me"

"Ich sehe, dass das Badezimmer frei ist
Ich glaube, jemand ist in der Nähe
Ich bin sicher, jemand folgt mir"

Nun wird alles klar. Benannt wird die Verwandlung (durch den Mythos der Hyazinthen), der Ort der Verwandlung (= der Ort des Todes = das Badezimmer) und die Unausweichlichkeit all dessen (jemand folgt ihm schon seit langem und kommt immer näher). Dargeboten werden

diese Zeilen von einem Sänger, der seiner Stimme und Intonation nach ein sehr sehr alter Mann ist, der sein Leben oder (oder mehrere) bereits hinter sich hat und der gleichzeitig mit Freude, aber auch mit Angst/Grauen dem entgegensieht, was da kommen mag. "Hyacinth House" sagt alles. Es ist pure Trauer/pure Poesie. Morrison wusste, dass er sterben würde. Keine Überinterpretation. Kein Geschwätz. Er beendet diesen Song mit dem Wort, das für ihn schon immer von höchster Relevanz war, das er hier aber auf keine Art und Weise mehr relativiert oder in einen größeren Zusammenhang stellt:
"THE END".
Aus. Schluss.
Der Tod.

CRAWLING KING SNAKE

(John Lee Hooker)

I'm the crawling king snake

Eine letzte Reverenz an den großen Bluesman. Die Doors hatten diesen Song schon unzählige Male live gespielt, schon in den Anfängen hatte er zu ihrem festen Repertoire gehört. Doch die drei Musiker hatten sich immer geweigert, diesen Song auf eine LP zu nehmen. Aber dieses Mal setzte sich ihr Chef durch. Der, der dem Tod so nahe stand, wollte noch einmal zurück. Zurück, eintauchen in die Welt des alten Bluesers, der so viel mehr sagt als sämtliche Whiteys, die nur damit kokettieren. Womit? Das sollte mittlerweile jeder selbst wissen. Nicht darstellen, nicht interpretieren, nicht konstruieren. Leben, dieses Gefühl leben. Nicht Mick Jagger, nicht Joe Cocker, nicht Eric Clapton. Nur Schüler, Lehrlinge. Ohne Abschluss, ohne Hoffnung, ohne Gnade.

THE WASP (TEXAS RADIO AND THE BIG BEAT)

(THE DOORS)

I wanna tell you about Texas Radio and the Big Beat

Der Text zu diesem Song war bereits 1968 entstanden und wurde von Morrison immer wieder als Rezitation in Livedarbietungen seiner aufgebrochen war. Darüber hinaus gibt es neben biographischen Wahrheiten immer eine andere Form von Wahrheit, die ein Mensch erlebt.

In diesem Falle war der Tod Morrisons der Endpunkt einer langen Reise ans Ende der Nacht.

Und er wusste und artikulierte dies.

Doors Singles

1967:
Break O Through / End Of The Night
Light My Fire / The Crystal Ship
People Are Strange / Unhappy Girl
Love Me Two Times / Moonlight Drive

1968:
The Unknown Soldier / We Could Be So Good Together
Hello, I Love You / Love Street.
Touch Me / Wild Child.

1969:
Wishful Sinful / Who Scared You
Tell All The People / Easy Ride
Runnin' Blue / Do It

1970:
You Make Me Real / Roadhouse Blues

1971:
Love Her Madly / You Need Meat
Riders On The Storm / Changeling.

1971:
(ohne Jim Morrison)
Tightrope Ride / Variety Is The Spice Of Life

1972:
(ohne Jim Morrison)
Ships With Sails / In The Eye Of The Sun
Get Up And Dance / Treetrunk
Mosquito / It Slipped My Mind
Piano Bird / Good Rockin'

Doors Hit-Parade

Light My Fire
US Juli 1967: Platz 1
UK August 1967: Platz 49

People Are Strange
US September 1967: Platz 1

Love Me Two Times
US Dezember 1967: Platz 25

The Unknown-Soldiers
US März 1968: Platz 3

Hello, I Love You:
US Juli 1968: Platz 1
UK September 1968: Platz 15
BRD Oktober 1968: Platz 33

Touch Me:
US Dezember 1968: Platz 3
BRD März 1969: Platz 40

Wishful Sinful
US März 1969: Platz 44

Tell All The People
US Juni 1969: Platz 57

Runnin' Blue
US September 1969: Platz 64

You Make Me Real
US April 1970: Platz 50

Love Her Madly:
US April 1971: Platz 11

Riders On The Storm:
US Juli 1971: Platz 14
UK Oktober 1971: Platz 50
BRD September 1971: Platz 28

Tightrope Ride
US November 1971: Platz 71

The Mosquito:
US September 1972: Platz 85
BRD Januar 1973: Platz 25

Doors Cover-Versionen

Light My Fire:
Herb Alpert. Chet Atkins. Shirley Bassey. Birth Control. Booker T. & The MGs. Julie Driscoll , Brian Auger & The Trinity. Jose Feliciano. The Four Tops. Stan Getz & Astrud Gilberto. Al Green. Isaak Hayes. Woody Herman. Trini Lopez. Nancy Sinatra. Amii Stewart. Mae West. Stevie Wonder.

People Are Strange:
Echo & The Bunnymen.

Take It As It Comes:
The Ramones.

Break On Through:
Robert Plant. The Reds.

Soul Kitchen:
Buddy Rich. Mitch Ryder.

The Crystal Ship:
Patti Smith. Robby Krieger. Duran Duran.

Indian Summer:
Opal

Wild Child:
Robby Krieger.

Roadhouse Blues:
Blue Öyster Cult (mit Robby Krieger). Jeff Healey. Frank Marino & Mahagony Rush. Status Quo. Eric Burdon (mit Robby Krieger).

Touch Me:
Hugo Montenegro.

Hello I Love You:
Adam Ant. The Cure. The Eyes. Kim Fowley. Buddy Rich. Mungo Jerry.

The Wasp:
Alexis Corner

The End:
Nico. Nirvana.

Liste

der größten Fehler, die einer Band nach dem Tode ihres Leadsängers unterlaufen können:

a. Die Band nimmt weitere LPs auf, deren Niveau so weit unter dem ihrer Originalbesetzung liegt, dass sich kein Mensch mehr dafür interessiert.

b. Die Band sucht einen neuen Leadsänger, auch Iggy Pop, um nach kurzer Zeit festzustellen, dass dies in keinem Falle funktionieren kann.

c. Die Band hat nicht die Würde, sich sofort aufzulösen.

d. Die Mitglieder der Band starten Solo-Karrieren, deren Erfolglosigkeit sie immer wieder in die Erinnerung an die Anfangsband zurücktreibt. Diese gibt es aber nicht mehr.

e. Plötzlich beginnt sich die Vergangenheit zu verändern.

f. Die Band akzeptiert die Substanzlosigkeit der Gegenwart und beschließt, fortan nurmehr für die Vergangenheit zu leben.

g. Vor allem ein Bandmitglied vergisst die Realität und verklärt die Vergangenheit in einem solch hohem Maße, dass der Mythos immer weiter wächst.

h. Nachdem die Band jahrelang mit Veröffentlichungen geschwiegen hat, häufen sich die Releases. Mit jeder weiteren LP gelingt es der Gruppe, die es eigentlich nicht mehr gibt, wieder ins Rampenlicht der Medien zurückzukehren. Das gefällt allen Mitgliedern, deren Hoffnungen auf ein Leben außerhalb des Kontextes dieser Band, die es eigentlich nicht mehr gibt, gegen Null gehen.

i. Die Band versucht es mit unzähligen beinahe identischen Compilations, sie gräbt nach unveröffentlichtem Live-Material, sie nimmt sogar irgendwelche Gedichte, die der verstorbene Leadsänger einst auf Band gesprochen hatte, und unterlegt sie mit neuer Musik.

j. Dabei scheut die Band nicht davor zurück, auf minderwertiges Material zurückzugreifen, das der verstorbene Leadsänger niemals zur Veröffentlichung freigegeben hätte.

k. Sie verleiht so als erste Rockband dem Begriff "Nekrophilie" eine Definitionserweiterung. Man hat jetzt keinen Sex mehr mit Toten, sondern macht mit ihnen zusammen Musik.

l. Die Band ignoriert konsequent die Entwicklung, die der verstorbene Leadsänger durchgemacht hatte. Sie beschränkt sich auf die ersten Jahre und transportiert dadurch ausschließlich jenes Image, vor dem der ver- storbene Leadsänger zuletzt geflüchtet war.

m. Die Band veröffentlicht aufwendig produzierte Box-Sets für die Wohnzimmervitrine.

n. Die Bandmitglieder veröffentlichen Autobiographien, deren Titel dann z.B. "Riders On The Storm. Mein Leben mit Jim Morrison" lauten.

o. Die Bandmitglieder veröffentlichen darin auch noch die letzten Geheimnisse und die unerheblichsten Anekdoten über den verstorbenen Leadsänger und begehen immer größeren Verrat an ihm, denn alles in diesen vermeintlichen Autobiographien der Bandmitglieder dreht sich letztendlich nur um den verstorbenen Leadsänger.

p. Die Band erteilt ihre Zustimmung zur Produktion eines Spielfilmes über den verstorbenen Leadsänger. Die Band willigt ein, dass als Regisseur ein Vietnam-Veteran arbeitet, der während der Glanzzeit der Band seinem Vaterland diente. Dieser Regisseur dreht den Film exakt in der Art und Weise, wie die Biographie "No One Here Gets Out Alive" geschrieben ist: Als Seifenoper, deren größte Kunst darin liegt, ausschließlich stereotype Charaktere darzustellen.

q. Die Band lässt sich in die "Rock'n Roll Hall Of Fame" aufnehmen und schämt sich nicht, dabei mit einem Sänger aufzutreten, der ein Epigone ihres verstorbenen Leadsängers ist.

r. Die Band lässt es sich nicht nehmen, an Tribute-Alben mitzuwirken. Eine Band, die es eigentlich nicht mehr gibt, zollt so einer Band Tribut, die es mal ein paar Jahre lang gab.

s. Die Band schreckt nicht davor zurück,

Remixe ihrer alten Songs anfertigen zu lassen, die dann ein bisschen besser zum Geist der jeweiligen Dekade passen.

t. Die Bandmitglieder diskutieren 30 Jahre nach dem Ereignis noch immer darüber, ob ihr verstorbener Leadsänger in Miami die Hose heruntergelassen hatte oder nicht.

u. Die Band hat nicht die Würde, gerichtliche Verfügungen gegen einstige Randfiguren wie Danny Sugerman zu erwirken, der sich seinen Lebensunterhalt ebenfalls damit finanziert, das Andenken an den verstorbenen Leadsänger auf eine schmierige Art und Weise aufrecht zu erhalten.

v. Die Band versucht auch nach 30 Jahren nicht, den verstorbenen Leadsänger wirklich zu verstehen.

w. Die Band weigert sich noch immer, den verstorbenen Leadsänger in Frieden ruhen zu lassen.

x. Die Band weigert sich noch immer, die Veröffentlichung weiterer Compilations zu untersagen.

y. Die Bandmitglieder verlieren den letzten Rest ihrer Würde.

z. Der verstorbene Leadsänger lächelt milde.

Ich bedanke mich bei Gerhard Zimmermann und Arno Löb für die Unterstützung.

Veit Rappel, Augsburg

Song-Liste